Die

Umgestaltung der Staatsanwaltschaft

vom Standpunkt unabhängiger Strafjustiz

und der

Entwurf einer Strafprozeß-Ordnung

für den Preußischen Staat

von

Dr. F. v. Holtzendorff,
Professor der Rechte.

Adoucir les lois criminelles, faire pénétrer le jour dans les procédures — c'est une des oeuvres les plus saintes, que se puisse proposer un ami de l'humanité.

Laboulaye.

Berlin.

Verlag von I. Guttentag.

1865.

Seinen verehrten Freunden,

dem

Herrn Kreisgerichts-Direktor **von Stößer** zu Lörrach,
Abgeordneten zur deutschen Civilprozeß-Commission

und dem

Herrn Professor **Dr. Wahlberg** zu Wien,
Mitgliede der Ministerial-Commission zur Vorbereitung eines neuen österreichischen Strafgesetzbuchs

zugeeignet.

I.

Im Anfange August des vergangenen Jahres veröffentlichte ich meine Schrift: Die Reform der Staatsanwaltschaft in Deutschland.[1]) Vier Wochen später geschah, was ich selbst kaum erwartet und gehofft: daß der fünfte deutsche Juristentag zu Braunschweig, abweichend von dem sehr eingehend und sorgfältig begründeten Gutachten des Herrn v. Freydorf zu Karlsruhe die wichtigsten der von mir bezeichneten Reformpunkte billigte.[2]) Frei von dem anmaßenden Glauben, die Beschlüsse des letzten Juristentages durch meine Schrift vorbereitet zu haben, darf ich in ihnen eine mir ehrenvolle Uebereinstimmung mit der allgemeinen oder doch überwiegenden Meinung der deutschen Rechtsverständigen erblicken. Um so weniger hatte ich auf jene Beschlüsse meinerseits gerechnet, als dieselben zum Theil von den Auffassungen des zweiten deutschen Juristentages zu Dresden erheblich abweichen. Inzwischen hat der Herr Generalstaatsanwalt Schwarze zu Dresden in einem sehr eingehenden Aufsatz der von ihm vorzugsweise geleiteten Zeitschrift: Der Gerichtssaal (Sechszehnter Jahrgang 1864 S. 401 ff.) mit besonderer Bezugnahme auf meine vorerwähnte Schrift im Großen und Ganzen die von mir gestellten und auch vom deutschen Juristentage adoptirten Reformforderungen bekämpft. Dies veranlaßt mich zu einer nochmaligen, summarischen Untersuchung der wichtigsten Streitfragen. Einen weiteren Anlaß dazu bietet außerdem das Erscheinen eines neuen, von einem ehemaligen Staatsanwalt ausgearbeiteten Entwurfes einer

---

1) Dieselbe erschien in dem Verlage von J. Guttentag zu Berlin.

2) Verhandlungen des fünften deutschen Juristentages. I. Theil. S. 119 ff.

preußischen Strafprozeß-Ordnung.[1]) Von einem praktischen Erfolge meiner Ausführungen sehe ich freilich gänzlich ab; denn obwohl der neue Strafprozeß-Entwurf ausdrücklich vom Justizminister der öffentlichen Kritik unter Stellung einer Frist bis zum ersten Juli d. J. preisgegeben worden und ich somit auf Grund des § 154 des Strafgesetzbuches an dieser Leistung mein Mißfallen aussprechen könnte, ohne zu besorgen, daß jemand in Beziehung auf seinen Beruf als Gesetzgeber beleidigt oder eine obrigkeitliche Anordnung dem Hasse und der Verachtung ausgesetzt werde, so bin ich doch von vornherein überzeugt, daß die obersten Grundsätze, von denen ich kritisch ausgehen müßte, eine Vereinbarung mit denjenigen der neuen Strafprozeß-Ordnung nicht zulassen. Erwägt man nämlich das Verhältniß, in welches sich dieser Gesetzentwurf zu den vorangegangenen, durchweg unberücksichtigt gebliebenen Beschlüssen des Juristentages gesetzt hat, so verliert die Erwartung, daß der Einzelne ein größeres Gewicht erlangen könnte, als jene Versammlung, offenbar jeglichen Boden. Daß der Verfasser die Verhandlungen des deutschen Juristentages gekannt, ist ihm sicherlich nach dem Maße seiner Bildung und Angesichts der von ihm übernommenen Aufgabe sehr wohl zuzutrauen. Es scheint indeß, sobald man bedenkt, daß die Juristentags-Verhandlungen unter den Literaturangaben des Entwurfs gar nicht erwähnt werden, als ob auf dieselben überhaupt ein geringeres Gewicht vom Verfasser gelegt worden ist, als auf die Aufsätze in Goltdammers Archiv, deren eingehendes Studium aus den Citaten derselben erwiesen wird.

Unter solchen Umständen kann es denn auch Niemand überraschen, daß die im Entwurfe enthaltenen Bestimmungen über die Stellung der Staatsanwaltschaft sich geradezu gegensätzlich gegen die vom Juristentage aufgestellten Sätze verhalten. Die Staatsanwaltschaft wird in ihrem Wirkungskreise nicht beschränkt, sondern sie erlangt neue, keineswegs unbedeutende Machtvollkommenheiten.[2]) Wären wir der Meinung,

---

1) Speciell von der Staatsanwaltschaft und der gerichtlichen Polizei handelt der vierte Titel § 33 bis § 45. Die auf die Staatsanwaltschaft bezüglichen Fragen sind aber nicht vollständig erledigt, denn der Verfasser der Entwürfe bemerkt (S. 30), daß die Bestimmungen über die Anstellung der Beamten der Staatsanwaltschaft zum Theil in ein Justizorganisationsgesetz gehören würden.

2) Die Verfügung über die gerichtliche Polizei, welche der Juristentag nur bedingungsweise für gerechtfertigt hält — die direkte Ladung des Angeklagten vor Gericht — die Empfangnahme der von den Geschwornen einzureichenden Dispen-

daß der Entwurf der Strafprozeß=Ordnung einige Aussicht hätte, Gesetzeskraft zu erlangen auf verfassungsmäßigem Wege, so würden wir uns verpflichtet halten, ihm mit einer eingehenderen Besprechung auf Grund der Strafprozeß=Wissenschaft entgegenzutreten, denn wir sehen keinen Grund, an Stelle eines als mangelhaft empfundenen Gesetzeszustandes einen anderen treten zu lassen, der zwar in seiner Redaktion elegant, aber in seinem Wesen gleich unbefriedigend sein würde.

Wir bemerken also, daß wir in dem kürzlich erschienenen Entwurf der Strafprozeß=Ordnung weniger einen Gegenstand, als einen Anlaß unserer nachfolgenden Betrachtungen gefunden haben. Steht derselbe doch noch weit hinter dem zurück, was der Generalstaatsanwalt Schwarze, als wissenschaftlicher Gegner der heutigen Reformforderungen, aufrecht erhalten sehen will. Die Aussichtslosigkeit, welche unserer Ansicht nach die Beschlüsse des letzten Juristentages mit Beziehung auf eine Umgestaltung der deutschen Staatsanwaltschaft, für die nächste Zukunft genießen, ist indessen kein Grund, es einfach bei dem einmal Geschehenen bewenden zu lassen, ohne von Neuem alle Thatsachen zu würdigen, ohne jeden begründeten Einwand zu prüfen. Sache der Erfahrung und Wissenschaft ist es, die Beschlüsse des Juristentages in Gutachten soweit vorzubereiten, daß dieselben als sorgfältig erwogene Entschließungen jener Zufälligkeit entkleidet werden, die man häufig bei Massenversammlungen vorauszusetzen geneigt ist. Ebenso wichtig ist aber auch, daß zunächst die Praktiker ihre Aufmerksamkeit auf die vom Juristentage bezeichneten Gesetzesbesserungen hinlenken und sich ihrerseits bemühen, in planmäßiger Beobachtung juristischer Vorgänge den dauernden Werth jener Beschlußfassungen sicherzustellen oder zur Berichtigung von Irrthümern beizutragen.

Je mehr ich davon durchdrungen bin, daß die richtige Gestaltung der Staatsanwaltschaft zu den wichtigsten Angelegenheiten des Strafprozesses und in weiterer Folge auch des Civilverfahrens gerechnet werden muß, über die rein juristischen Interessen sogar weit hinausgeht, desto nothwendiger erscheint es mir auch, daß die Advokatur in planmäßiger Weise die Thätigkeit der Staatsanwaltschaft zum Gegenstande der Beobachtung mache und innerhalb ihres Erfahrungskreises Materialien sammle, die bei der endlichen Entscheidung der jetzt obwaltenden Streitfragen von

---

sationsgesuche — die Vollstreckung der Strafurtheile — die Anhörung über die als Voruntersuchungsrichter zu bestellende Person und anderes.

Wichtigkeit werden könnten. Aus den Reihen der Advokatur gingen sehr ernste Anregungen zu einer Reform der Staatsanwaltschaft hervor. Die Advokatur ist es, welche durch ihre Ehreninteressen noch heut zu Tage das nächste Bedürfniß hat, die prozessualische Ordnung und Stellung der Staatsanwaltschaft fortdauernd aufmerksam zu beobachten; der Advokatur liegt die Pflicht ob, ihrerseits dem Gesetzgeber die Information zu ertheilen, welche sie aus ihrer Praxis geschöpft hat. Weil ich dafür halte, daß die Advokatur in ihrem Bewußtsein als Dienerin des Rechtes im Gewande der prozessualischen Parteithätigkeit, in der Aneignung einer jedesmal bestimmten, der Gegnerschaft gewohnten, des Widerspruchs sicheren Rechtsauffassung, am meisten verhältnißmäßig befähigt ist, die Thatsachen des Rechtslebens in ihrer Realität freier und unbefangner zu beurtheilen, als dies bei anderen, durch Autorität genährten Amtsstellungen der Fall ist: glaube ich, daß auch in Zukunft aus der Unterstützung der Rechtsanwaltschaft der Gesetzgeber Nutzen ziehen wird, wenn der Augenblick eintritt, wo organische Aenderungen durchführbar werden.

II.

Die Beschlüsse des letzten Braunschweiger Juristentages lauten bekanntlich dahin:

1) Die Amtsverrichtungen der Staatsanwaltschaft sind durch ständige, eigens damit vertraute Beamte zu versehen;
2) das Personal der Entdeckungs- und Verfolgungs-Polizei ist der Staatsanwaltschaft unmittelbar zu untergeben;
3) die Staatsanwaltschaft eignet sich nicht zu einem Organe der staatlichen Oberaufsicht über die Gerichte.
4) Es ist nicht nothwendig, der Staatsanwaltschaft die sämmtlichen Justizverwaltungs-Geschäfte zu übertragen. Ob ihr einzelne derselben zu überweisen seien, ist Sache der Landesgesetzgebung.
5) Als oberste Beschwerde und Aufsichtsinstanz für alle Staatsanwalte treten an die Stelle des Justizministers, vorbehaltlich natürlich der demselben in Betreff der Staatsanwalte in dem-

selben Umfange wie in Betreff der Gerichte verbleibenden allgemeinen Oberaufsicht die Anklagesenate der höheren Gerichtshöfe oder eine Abtheilung des höchsten Gerichtshofes.

6) Die Staatsanwalte können nur unter denselben Voraussetzungen wie Richter entlassen, versetzt und pensionirt werden.

Daß man außer diesen sechs Punkten keine weitergehenden Forderungen stellte, hatte seinen Grund an den früher bereits gefaßten Beschlüssen, die der Referent so lange als verbindlich für sich betrachtete, als nicht bestimmte auf deren Beseitigung gerichtete Anträge vorlagen.[1]) Indem er dies ausdrücklich erklärte, scheint er seinerseits zweifelhaft zu sein, ob man früher, namentlich bei den Dresdener Verhandlungen ganz folgerichtig das Princip der nothwendigen Reformen festgestellt habe.

Was mich selbst betrifft, so habe ich in meiner bereits erwähnten Schrift versucht die Fehler und Unrichtigkeiten darzulegen, von denen man sich zu Dresden noch nicht freigemacht hatte; Fehler, die zum Theil darin ihren Grund hatten, daß die staatsanwaltschaftliche Reformfrage für die Mehrzahl der deutschen Juristen noch eine neue war; zum Theil darin, daß man Anfangs glaubte, der Juristentag werde einen unmittelbaren Einfluß auf die deutschen Gesetzgebungen erlangen, müsse deswegen auf das praktisch Erreichbare vom Standpunkte compromissarischer Bescheidenheit thunlichst Rücksicht nehmen, und somit die deutsche Rechtseinheit *praktisch* fördern. Als ein großes Resultat betrachte ich es jedenfalls, daß der Juristentag sich für die Unabhängigkeit der Staatsanwaltschaft von den Justizministerien und deren Unterordnung unter die collegialische Autorität entweder der höchsten Gerichtshöfe oder (was meiner Ansicht nach den Vorzug verdient) der Appellationsanklagesenate ausgesprochen hat.

Wenn ich es noch einmal versuche, diese Forderung sowie andere Reformen der Staatsanwaltschaft gegen die neuerdings vom Generalstaatsanwalt Schwarze erhobenen Einwendungen zu rechtfertigen, so muß ich mich freilich gegen einige Mißverständnisse verwahren, denen ich sehr leicht ausgesetzt werden könnte.

Schwarze hat mir in seinem Aufsatze, den ich bei den nachfolgenden Ausführungen vorzugsweise im Auge behalten werde, mehrmals den Vorwurf gemacht, daß ich die *Erfahrungen* über staatsanwalt-

---

1) S. Verhandlungen des fünften deutschen Juristentages II. Theil S. 210 ff. (Referat des Obergerichts-Rath Planck.)

schaftliche Mißgriffe nicht näher dargelegt und bescheinigt hätte: Ihm selbst ist es allerdings ein Leichtes, sich auf das günstige Zeugniß zu berufen, welches der Staatsanwaltschaft in Sachsen sogar mehrfach von verurtheilten Verbrechern ausgestellt worden sind. Er betrachtet gerade solche Zeugnisse „als werthvolle und als ein hohes Lob für den betreffenden Beamten und seine Amtirung.“ Selbst bei Verbrechern, die zum Tode verurtheilt waren, begegnete Schwarze „noch am Tage der Execution derartigen Ergebenheitsbeweisen gegen die Staatsanwaltschaft.“ Ich zweifle meinerseits keinen Augenblick an der Aufrichtigkeit einer solchen Wohlgesinntheit gegen die sächsische Staatsanwaltschaft; aber ich möchte mir doch die Frage erlauben: Ist die Staatsanwaltschaft wirklich in der Lage, auch über die Aeußerungen des Mißvergnügens ebenso zuverlässige Nachricht zu erhalten, wie über die Stimmen der Wohlgefälligkeit? Mir scheint, daß man Angesichts unserer heutigen Strafgesetzgebungen allen Grund hat, mit seinen ungünstigen Meinungen über das Verhalten einiger Staatsanwalte sehr zurückhaltend zu sein. Ein Angeklagter hat offenbar wenig Neigung, sich seine Lage zu erschweren, ein Zuschauer noch weniger Neigung, es darauf ankommen zu lassen, ob ein Staatsanwalt sich anderswoher, als vom Justizminister eine Mißbilligung ohne Empfindlichkeit wird ertheilen lassen. Was Sachsen insbesondere betrifft, so ist es bekannt, daß der Herausgeber eines Dresdener Blattes wegen Schmähung einer Staatsinstitution bestraft wurde, weil er aus Anlaß einer Hinrichtung von der dabei hervorgetretenen Abneigung des Publicums gegen die Todesstrafe berichtet hatte. Was aber der Todesstrafe als einer Staatseinrichtung in Sachsen billig ist, das ist auch der dortigen Staatsanwaltschaft recht: Es liegt in der Natur der Dinge, daß man die Wirksamkeit der Staatsbehörden nicht besprechen kann, ohne das Verhalten einzelner Beamten bei bestimmten Gelegenheiten in den Kreis der Betrachtung hineinzuziehen und sich damit der Gefahr auszusetzen, wegen Beleidigung in Beziehung auf den Beruf ein unfreiwilliges Criminalprakticum zu nehmen.

Um allen Reizbarkeiten aus dem Wege zu gehen, schrieb ich daher: Ueber die Reform der Staatsanwaltschaft in Deutschland. Daß ich sehr weise gehandelt, zeigte ein Fall, der sich in Königsberg ereignete. Ein Schriftsteller, der mehrere Stellen aus meiner Schrift abgedruckt und ihnen eine Beziehung zur Preußischen Monarchie gegeben hatte, wurde wegen Schmähung der Staatsanwaltschaft mit Gefängniß bestraft.

Wo man die Erfahrungen gemacht hat, auf welche man sich zur

Begründung staatsanwaltschaftlicher Reformen beruft, thut also gar nichts zur Sache. Es genügte, wenn sie irgendwo in Deutschland gemacht wurden und der Berichtende ein aus seiner Wahrheitsliebe entstammendes Vertrauen genießt. Wenn der Generalstaatsanwalt Schwarze uns im Verlauf seines Aufsatzes öfters auffordert unsere Beobachtungen näher zu specialisiren, so hegen wir das Vertrauen, daß es ihm um wissenschaftliche Streitfragen zu thun ist; aber er möge nicht vergessen, daß seine Aufforderung unter Umständen die Natur einer Anstiftung erlangen könnte. Wenn wir beispielsweise Beobachtungen mittheilen wollten, die wir selbst gemacht, ohne Zeugen dafür zu haben — was könnte uns bei einer Anklage wegen Beleidigung eines Beamten schützen? Ob die Form einer Aeußerung die Gränzen einer erlaubten Kritik überschreitet, ist ohnehin nach und nach vorwiegend zu einer Sache der Empfindung und des stylistischen Geschmackes geworden. Wir kennen einen kürzlich vorgekommenen Fall, in welchem ein Rittergutsbesitzer wegen eines Preßprozesses durch zwei Instanzen hindurch verfolgt wurde, obwohl zwei richterliche Beamte vor dem Druck das incriminirte Schriftstück für völlig unverfänglich auf Befragen des späterhin Angeklagten ausdrücklich erklärt hatten.

Ich wiederhole also: Wenn einmal die Reform der Staatsanwaltschaft, wie ich gethan, vom allgemein deutschen Standpunkte aus erörtert wird, so hat der particulare Einwand, daß sich die Staatsanwaltschaft trotz der grundsätzlich getadelten Einrichtung stellenweise bewährt habe, gar keine allgemeine wissenschaftliche, sondern nur eine praktisch politische Bedeutung. Wenn die gleichartig eingerichtete Staatsanwaltschaft sich in Sachsen und Baden bewährte, in Hannover und Nassau aber zu Beschwerden Anlaß böte, so würde man nachzusehen haben, ob jene Vortheile oder Beschwerden im Wesen der Staatsanwaltschaft begründet liegen, oder von äußeren Umständen abhängig sind? Der Standpunkt der Theorie in Deutschland muß ein ganz anderer sein als der Standpunkt des sächsischen Politikers. Aus rein doctrinären Bedenken ist noch niemals an einem bestehenden Gesetzeszustande geändert worden. Die Frage, ob die Staatsanwaltschaft reformirt werden soll, gewinnt ihre Bedeutung für die einzelnen deutschen Länder erst durch Uebelstände oder Störungen in der Strafrechtspflege, für den deutschen Juristentag und die von ihm angestrebte Einheit des Rechts aber schon dadurch, daß überhaupt in einzelnen deutschen Staaten Erfahrungen gemacht würden, die die Zukunft zur Vorsicht mahnen. Von dieser Ueberzeugung ist man auch offenbar in Braunschweig ausgegangen. Wären die Beschlußfassungen des fünften Juristentages auf preußischem Boden zu Stande gekommen, so würde sich der Einwand haben vernehmen lassen, daß unter dem Eindruck der besonderen politischen Verhältnisse Preußens die Mehrheit nach Reformen pro domo gestrebt habe. Gerade in Braunschweig sind aber die Verhältnisse soweit von den preußischen verschieden, daß in rein äußeren Motiven die Basis der dortigen Beschlüsse nicht gesucht werden kann.

Hinsichtlich der Unabhängigkeit der Staatsanwaltschaft ist übrigens auch Schwarze theilweis mit jenen Beschlüssen einverstanden. Er billigt es, daß in Beziehung auf Unabsetzbarkeit eine Gleichstellung zwischen Richtern und Staatsanwalte stattfinde, letztere also nur nach einem disciplinaren Verfahren und nicht (wie in Preußen) durch Anordnung der höchsten Vollzugsgewalt ihrer Funktionen enthoben werden können. In Sachsen besteht bekanntlich diese Gleichstellung. Wie ich meine, wird dieselbe indessen, wenn sie auch unleugbar den Vorzug verdient vor unserem preußischen Verwaltungsrecht, dadurch ziemlich entwerthet, daß der Staatsanwalt immer verpflichtet bleibt, den Anweisungen des Justizministers zu entsprechen.

III.

Ich verkenne nicht, daß sich gegen die Unabhängigkeit der staatsanwaltschaftlichen Beamten mancherlei sagen läßt. Wenn ein Regierungssystem dem allgemeinen Rechtsbewußtsein entgegen die Organe der Anklage zu einer übertriebenen Anspannung der Verfolgung benutzte, wenn etwaige Mißbräuche besonders klar zu Tage getreten sind — wird man gerade dann durch Unabsetzbarkeit sich den Ausweg versperren, daß mittelst Entfernung verhaßt gewordener Beamten das allgemeine Vertrauen wieder herzustellen wäre? Auch ist nicht zu vergessen, daß zwischen dem Amte des Richters und demjenigen des Staatsanwaltes ein gewisser Unterschied obwaltet, in Anbetracht dessen man zweifelhaft sein könnte, ob die Unabhängigkeit der Staatsanwaltschaft wirklich wünschenswerth ist. Den persönlichen Einseitigkeiten und Irrthümern, der Befangenheit des Richters ist an der Collegialität ein Gegengewicht gegeben; die Verhandlungsmaxime drängt die persönlichen Eigenschaften des Richters in den Hintergrund. Anders beim Staatsanwalt, der sich in den

Augen des Publicums durch sein Hervortreten in der mündlichen Verhandlung, durch Mangel an Anstand und Würde, durch leidenschaftliche Heftigkeit gegen den Angeklagten, durch wirkliche oder scheinbare Begünstigung eines Angeschuldigten viel leichter bloß stellen kann. Da der Staatsanwalt ohnehin mit der Entscheidung der einzelnen Sache nichts zu thun hat, wird durch seine Entfernung vom Amte das Vertrauen in die Rechtspflege weniger gefährdet, als durch Eingriffe in die richterliche Unabhängigkeit.

Nichtsdestoweniger wird man aus den früher von mir, sodann von Schwarze und dem Referenten des letzten Juristentages, Obergerichts-Rath Planck entwickelten Gründen daran festhalten müssen, daß die Unabhängigkeit des Staatsanwalts zu den wesentlichen Bedingungen einer durchgreifenden Reform gehört. Man sage nicht, daß es gleichgültig ist, mit welchen Augen das Publicum die Thätigkeit der Anklagebehörden betrachtet, ob jenes Mißtrauen besteht, welches der Bevormundungsstaat früherer Jahrhunderte nach und nach gegen die Polizei sich aufhäufen ließ, in welcher man schließlich nicht mehr eine Schutzwehr, sondern eine Gefahr der persönlichen Freiheit, ein verhaßtes Werkzeug des Verfolgungseifers erblickte. Mit der Forderung der Unabhängigkeit für die Staatsanwaltschaft erkläre ich mich übrigens grundsätzlich nur gegen willkürliche Entlassung nach dem Ermessen der höchsten Staatsbehörden. Jene besonderen, die Stellung des Staatsanwalts exponirenden Verhältnisse können soweit Berücksichtigung finden, daß die Versetzung in eine Richterstelle mit gleichem Rang und Gehalt nachgelassen werden könnte. Auch für den früher von mir angedeuteten Vorschlag, daß man die Beamten der Staatsanwaltschaft von fünf zu fünf Jahren aus den Richtercollegien ernennen und nach Ablauf dieser Zeit in dieselben zurückkehren lasse, ist manches zu sagen. Einerseits wäre damit das Princip der Ständigkeit für die Anklagebehörden gewahrt, andererseits jener allseitig zugegebenen Einseitigkeit der Auffassung entgegengewirkt, welche die fortdauernde und ununterbrochene Beschäftigung mit Anklagesachen allmählig zur Folge hat. Bei jenen fünfjährigen Ernennungen mögen den richterlichen Collegien Vorschlagsrechte eingeräumt werden, wie solche sogar gegenwärtig in Beziehung auf die kaiserlichen Generalprocuratoren den französischen Apellhöfen zustehen; auch steht nichts im Wege unter Zustimmung der Betheiligten nach Ablauf des Lustrums eine Verlängerung eintreten zu lassen, wenn die Staatsregierung dies für wünschenswerth erachtet und der Ernannte nicht auf den Rücktritt in das Collegium besteht. Wünschenswerth erschiene dabei von vornherein, die jüngere Magistratur nicht ausschließlich mit den Amtsverrichtungen der Anklageerhebung und Strafverfolgung zu betrauen; denn Herr v. Freydorf, welcher als Ministerialrath in Karlsruhe sicherlich zu Beobachtungen reichliche Gelegenheit hatte, bemerkt in seinem Juristentagsgutachten, daß die Ausschreitungen des staatsanwaltschaftlichen Berufs fast stets den „jüngeren Heißspornen“ zur Last fallen. Auf der anderen Seite giebt es vielleicht auch eine Altersgrenze, nach deren Ueberschreitung die Energie in der Verfolgung des Verbrechens erlahmen mag, jene Entschiedenheit erschlafft, die zur Ausübung der Strafverfolgung wünschenswerth erscheint. Auch in Preußen werden die Verrichtungen der Staatsanwaltschaft bei den Gerichten erster Instanz durchschnittlich von jungen, gleichsam in der juristischen Linie dienenden Offizieren wahrgenommen, die schon als Assessoren bei der Staatsanwaltschaft eintraten, ohne durch das objektiv ruhigere Richteramt hindurchgegangen zu sein. Meine Ansicht ist es wenigstens, daß die Autorität und Amtsführung der Staatsanwaltschaft nur gewinnen könnte, wenn deren Organe durch das Richteramt vorher abgekühlt würden, statt umgekehrt erst in dasselbe, wenn für sie das Bedürfniß größerer Ruhe eintritt, Einlaß zu finden. Ständigkeit der Staatsanwaltschaft in ihrem Berufe bedeutet nicht Lebenslänglichkeit und ist nur der Gegensatz gegen die Behandlung der Strafverfolgung durch commissarisch für einzelne Fälle ernannte Beamte oder gegen die Privatanklage. Was wir durch die Ständigkeit der Anklagebehörde erreichen wollen ist: die Gleichmäßigkeit der Verfolgung, die größere Objektivität in deren Betreibung ohne Rücksicht auf die Interessen eines einzelnen Falles, die Sicherheit und Schnelligkeit in der Vornahme von vorbereitenden Ermittelungshandlungen, zu deren Gelingen ein praktisch geübter Blick und außerdem eine genaue Kenntniß der örtlichen und persönlichen Verhältnisse eines bestimmten Gerichtsbezirkes gehört. Große Studien sind zu alledem nicht erforderlich; es kann nicht schwer halten, die geeigneten Personen in der Mitte eines Collegiums herauszufinden. Wären die Eigenschaften eines guten Staatsanwalts wirklich so seltene Naturgaben oder Charakterzüge, wie von einigen Schriftstellern behauptet wird, so wäre es unbegreiflich, warum in Preußen so häufig Staatsanwalte in die Advokatur oder an die Apellations-Gerichte versetzt würden.

IV.

In Uebereinstimmung mit meiner Schrift, deren Ausführungen ich hier nicht wiederholen will, hat sich der letzte Juristentag mit der einfachen Unabhängigkeits-Erklärung der Staatsanwaltschaft nicht begnügt, sondern auch die Unterordnung der Staatsanwaltschaft unter die Anklagesenate der höheren Gerichte als nothwendig bezeichnet. Alles, was man nämlich bisher zur Rechtfertigung der Abhängigkeit der Staatsanwaltschaft von der höchsten Justizverwaltungsstelle gesagt hat, scheint mir auf durchaus irrigen Grundanschauungen zu beruhen. Ich gebe zu, daß es eine politische Machtfrage ist, wie weit der Einfluß der Regierung auf die Rechtspflege im allgemeinen reichen soll; ebenso wie es eine Machtfrage ist, bis zu welchen Grenzen sich die disciplinare Abhängigkeit der Richter und der Rechtsanwalte erstrecken soll. Aber ich leugne, daß solche Machtfragen auf diesem Gebiete eine allgemeine Berechtigung für sich haben und bei wissenschaftlichen Erörterungen ein Wort mitsprechen dürfen, wenn es darauf ankommt, die Principien der Gerichtsverfassung zu bestimmen. Daß aber die Staatsanwaltschaft nach den für die Gerichtsverfassung gültigen Grundregeln organisirt werden muß, giebt auch Schwarze zu. Worauf kommt es denn aber dabei an? Darauf, daß den Einwirkungen der politischen Macht, den Regierungsinteressen wie den Massenagitationen, der persönlichen Autorität des Staatsoberhauptes ebenso sehr wie den Leidenschaften der Parteien jede Gelegenheit und jedes Mittel im Voraus entzogen werde, durch welches die rein sachliche Geltung des positiven Rechtes gefährdet werden könnte. Die staatsrechtlichen Beziehungen zwischen Macht und Recht sind mannigfach verschieden. In der Heereseinrichtung und der Armeeorganisation tritt der Rechtszweck des Einzelnen erheblich zurück hinter den obersten Grundsatz der Macht, der durch alle Zweige der Disciplin hindurchdringt und auf der Erwägung beruht, daß die Kränkung einzelner Rechte durch Mißgriffe der Vorgesetzten den Gehorsam im Dienste, als eine Consequenz des obersten Machtzwecks nicht ausschließe; die Gesammtinteressen triumphiren hier über persönliche Ansprüche oder Rechte der Einzelnen. Gerade das Gegentheil gilt in der Gerichtsverfassung: die Machtzwecke haben hier den Rechtsverhältnissen gegenüber nur soweit Geltung, als sie mit der Gesetzesanwendung durch den Richter vollkommen identisch sind. Seitdem es überhaupt eine Rechtsgeschichte giebt, sehen wir freilich, daß es das Bestreben aller

Staatsgewalten ist, die Gerichtsverfassung zum Theil wenigstens den Machtzwecken dienstbar zu machen und sich den Zutritt zu der Citadelle der Gerechtigkeit offen zu halten. Während wir auf der einen Seite schon seit den Urzeiten der Menschheit die nothwendige Abwehr aller äußeren Einflüsse vom Richter symbolisirt sehen in der Augenbinde der Themis, in der Dunkelheit des Areopags, in der Combination der Rechtssprechung mit dem als unangreifbar erachteten Priesterstande der Theokratien, tritt ebenso die weltgeschichtliche Gegenwirkung der Macht hervor in der Besoldung und Volkswahl der Richter durch die antiken Demokratien, in dem Kampf um die gesellschaftliche Stellung und Interessenvertretung der Römischen Richterklassen, in der Kabinetsjustiz des absoluten Staates, in extraordinariae cognitiones und Ausnahmegerichten, in Revolutionstribunalen und Staatsgerichtshöfen.

Auch die französische Staatsanwaltschaft ist bei Napoleon hervorgegangen aus den Machtinteressen der kaiserlichen Regierung gegenüber der Rechtsprechung. In meiner Schrift über Reform der Staatsanwaltschaft habe ich dies näher ausgeführt und namentlich gezeigt, daß die altfranzösischen procureurs du roi Männer von unabhängigem Character bleiben konnten, weil sie nach Entziehung des königlichen Auftrages einfach in die Advokatur zurücktraten.[1]) Ich weiß zwar, daß es idealistisch ist, in der Gegenwart an solche Zustände zu erinnern; allein ich wage wenigstens im Allgemeinen die Behauptung, daß mir die Möglichkeit auch für Gegenwart zu bestehen scheint, aus einer freien Advokatur die Elemente der Staatsanwaltschaft zu gewinnen, indem man besonders befähigte und geneigte Männer zu der Specialpraxis der Staatsanwaltschaft von Staatswegen ständig beruft, was natürlich wie ehemals in Frankreich den Verzicht auf jede anderweitige Beschäftigung im Dienste von Civilparteien bedingen würde. Auch auf diesem Wege wäre eine ständige und unabhängige Staatsanwaltschaft zu erlangen; denn die Entziehung jenes Generalmandats durch die Regierung wäre nichts anderes, als der Rücktritt in die Reihen der Advokatur, die gleichsam das unverletzliche Grundrecht aller einmal erlangten Befähigung zum juristischen Beruf darstellen würde. Vorläufig liegen diese Dinge außer unserer Berech-

1) Vgl. darüber namentlich: Le Ministère public et le barreau, leurs droits et leurs rapports. Avec une introduction de M. Berryer. Paris, 1860 p. 10. — Mittermaier: Der Grundsatz der Gleichheit der Waffen der Anklage und der Vertheidigung im Strafverfahren. Allg. d. Strafrechts-Zeitung 1861. S. 20 ff.

nung. Sollte man indessen jemals zu der Ueberzeugung kommen, daß das richterliche Amt aus einer freien Advokatur hervorgehen soll, so würde der Parallelismus der Staatsanwaltschaft eine Berechtigung gewinnen. Die denkbar größte Unabhängigkeit des Richters und der Staatsanwaltschaft in unseren Augen würde die Möglichkeit sein, nach dem (nur disciplinarischen) Verluste oder nach der freiwilligen Resignation der Amtsstellungen in das gleichsam unveräußerliche Grundrecht der Advokatur zurückzutreten. Wir wiederholen also: Napoleon war sich dessen bewußt, daß die Staatsanwaltschaft berufen sei, den Machtzwecken der Regierung zu dienen. Daß man für diesen Zweck eine ganz wohlklingende, mit theoretischer Politur versehene Formel fand — wen kann dies überraschen oder blenden? In Frankreich war es die sogenannte Theilung der Gewalten, die als Rechtfertigungsgrund dafür galt, daß man das richterliche Amt auf bloße Rechtsprechung ohne die damit zusammenhängenden Funktionen reducirte und eine der Unabhängigkeit der Richter gefahrvolle Justiz-Aufsichtsbehörde schuf. In Deutschland kam die antiquarische Grübelei darauf, die Staatsanwaltschaft an die mittelalterliche Gerichtsherrlichkeit anzuknüpfen; obwohl es für uns ein hoffnungsloses Unternehmen ist, darzuthun, daß die alte Gerichtshoheit mit einem ständigen und centralisirten, gleichzeitig oberaufsehenden Anklageorgan irgend etwas gemein gehabt habe.[1])

Von diesen Speculationen absehend, betrachten wir es als einen großen Fortschritt der deutschen Rechtswissenschaft, daß man das Ungeeignete erkennt, welches in einer Combination der Justizaufsicht mit dem Rechte der Strafverfolgung liegt. Das Gericht kann nicht gleichzeitig über die Anforderungen eines Beamten als Ankläger unparteiisch urtheilen und unter seinen Anforderungen als Organ der Justizaufsicht unbefangen walten.

Die Grundfrage, auf welche wir stets zurückkommen müssen, ist die: Darf die Anklageerhebung, wie man sich in Frankreich einreden ließ, als eine Sache der administrativen Nützlichkeit behandelt, oder muß sie als eine Sache des Rechts und gesetzlicher Nothwendigkeit angesehen

---

1) Auch neuerdings wiederholt Schwarze diesen von Hermann im Archiv des Criminalrechts 1852 zuerst entwickelten Versuch einer rechtsgeschichtlichen Verknüpfung der neuern Staatsanwaltschaft mit der alten Gerichtsherrlichkeit. S. dagegen Planck in den Verh. des fünften deutschen Juristentages II. p. 216, welcher gleichfalls darthut, daß jene Anknüpfung für die Gegenwart nichts anderes ist, als ein geendigter wissenschaftlicher Versuch gegen die Rechtsgeschichte.

werden? Nicht einmal in derjenigen Zeitepoche, wo man das ganze Strafrecht auf allgemeine Nützlichkeitszwecke, auf Abschreckung oder Sicherung gegen Verbrechen begründete, wagte man die Behauptung, daß die Erhebung der Anklagen eine Sache des freien Verwaltungsermessens sein dürfe. Und heut zu Tage, wo die gesammte deutsche Strafrechtswissenschaft mit einigen wenigen Ausnahmen anerkennt, das Princip der Strafdrohungen und Strafrechtspflege beruhe auf unumgänglichen Forderungen der Gerechtigkeit, sollten wir zugeben, daß es eine Zweckmäßigkeitsfrage ist, ob Anklage erhoben werden soll oder nicht? In demselben Augenblicke, wo man sich von dem sog. Opportunitätsprincip lossagt und sich zum Legalitätsprincip bekennt, muß man auch zugeben, daß die Anklageerhebung wie alle Rechtsanwendung in Civil- und Strafsachen nach den Garantien geschehen muß, welche die Gerichtsverfassung für das richterliche Amt aufzustellen für nothwendig hält. Meiner Ansicht nach giebt es nur zwei logisch und rationell haltbare Formen der Strafverfolgung: entweder durch Privatanklage oder von Amtswegen nach den für die richterliche Unabhängigkeit geltenden Regeln. Die Anklage nach Zweckmäßigkeitsgründen im Verwaltungswege bedroht gleichmäßig die dauernden Rechtsinteressen des Staates und die gesellschaftlich lebendigen Rechtsüberzeugungen. Das öffentliche Interesse, auf welches sich die französische Staatsanwaltschaft bei Erhebung oder Unterlassung von Anklagen berufen darf, ist doch nichts anderes als das Regierungsinteresse im objektiven oder subjektiven Sinne.

V.

Vor Einführung der Staatsanwaltschaft war die Einleitung einer Untersuchung eine Sache des richterlichen Amtes. Ich erinnere mich nicht, daß man vor 1848 jemals über unterlassene oder nicht unterlassene Einleitung einer Untersuchung allgemeiner geklagt hätte. Nicht das Anklagerecht war Gegenstand der Beschwerden, sondern vielmehr die Schwerfälligkeit der Proceduren, die Unlauterkeit der Mittel, zu denen der Inquisitionsprozeß durch die objektiv bindende Beweistheorie hingedrängt wurde, die Combination der Anklägerschaft und der Untersuchungsführung in einer und derselben Person. Es lag unsrer Ansicht nach daher gar kein Rechtsgrund vor, dem Voruntersuchungsrichter die Befugniß zum ersten Einschreiten zu entziehen und den Antrag der Staatsanwaltschaft zu einer conditio sine qua non der Criminalverfolgung zu machen. Dem „System“ entsprach dies allerdings, wenn man sich daran hielt, daß Richter und Ankläger nicht in eine Person vereinigt sein sollten. Allein es war ein unsrer Vergangenheit entschieden zuwiderlaufender, auf Kosten fremdartiger Anschauungen zu setzender Mißgriff, daß man die Befugniß des ersten Einschreitens auf eine Administrativ-Behörde übergehen ließ. Unserer Ansicht nach würden sich für das Vertrauen zum Richteramt gar keine Nachtheile ergeben, wenn auch heut zu Tage der Richter neben dem Staatsanwalt das Recht des Einschreitens behielte. Der alte Inquirent, der allein nach seinem Ermessen die Untersuchung einleitete, bis zum Schluß führte und dann zur Rechtsprechung einsendete, war etwas völlig verschiedenes von dem heutigen Instructionsrichter, der nicht eine Untersuchung, sondern nur eine Voruntersuchung führt, auf welche ein mündliches, der Urtheilsfällung zu Grunde liegendes Hauptverfahren folgt. Die Thätigkeit des alten Inquirenten konnte für die Ermittelung der Thatfrage entscheidend genannt werden; diejenige des heutigen Untersuchungsrichters darf es nicht sein. Wenn man ehemals die Trennung der Anklägerschaft von der Untersuchungsführung forderte, so verlangte man damit nur Garantien für den Angeklagten, nicht aber eine anderweitige dehnbare Gestaltung der Strafverfolgungsrechte. Von einer begriffsmäßigen Unvereinbarkeit des ersten Einschreitens mit der Stellung des heutigen Voruntersuchungsrichters kann daher gar keine Rede sein; der Untersuchungsrichter bereitet seinem Berufe nach die Anklage vor; er sichtet und prüft, auch ohne speciellen Antrag des Staatsanwalts, die der Strafverfolgung dienlichen Materialien, sammelt solche sogar im Laufe seiner Thätigkeit, im Verhältniß wozu es irrelevant erscheint, ob die Anregung zum Einschreiten durch eine unmittelbare Denunciation der Polizei, oder durch einen Antrag der Staatsanwaltschaft gegeben wurde. Ebenso darf heut zu Tage die Rathskammer die Tendenz der Strafverfolgung in den Vordergrund stellen, indem sie den Staatsanwalt gegen seinen Willen zur Anklageerhebung nöthigen kann. Die Anklagesenate, welche ohne Anklage auf Versetzung in den Anklagestand erkennen und damit der Strafverfolgung Ziel und Richtung in einer für den Staatsanwalt präjudiciellen Weise verleihen, zeigen gleichfalls, daß man dem Richter Strafverfolgungsrechte sehr wohl anvertrauen kann, ohne seinen wahren Beruf zu beeinträchtigen. Worauf es bei der Trennung der Initiative und der richtenden Functionen ankommt ist zunächst nicht die Darstellung verschiedener Qualitäten, sondern vielmehr die Vorsorge, daß nicht die Interessen der Strafverfolgung die Vorhand gewinnen oder Einfluß erlangen in Beziehung auf die Objektivität der Rechtsprechung. Das Einschreiten des Untersuchungsrichters würde aber ebenso wenig in Collisionen gerathen mit dem naturgemäßen Verlauf der mündlichen Hauptverhandlung, wie die Verweisung der Sache durch die Anklagesenate mit der Entscheidung der Geschwornen. Vom Standpunkte des gegenwärtig geltenden, auch in dem Entwurfe der preußischen Strafprozeß-Ordnung aufgenommenen Rechts übt sogar das erkennende Gericht indirekt eine Initiative, indem es die während der mündlichen Verhandlung neu hervortretenden Thatumstände aus eigenem Recht und ohne nachträgliche Ergänzung der Anklage seinem Strafurtheile zu Grunde legen darf.

Ich glaube alles dies zu einem doppelten Zwecke bemerken zu müssen; einmal um den Irrthum zu bekämpfen, als ob die ausschließliche Uebertragung des Anklagerechts auf die Staatsanwaltschaft durch die Stellung der heutigen Untersuchungsrichter motivirt werden könnte und sodann, um denjenigen entgegenzutreten, welche in der verlangten Unterordnung der Staatsanwaltschaft unter die Anklagesenate eine Vermischung verschiedenartiger und unvereinbarer Funktionen sehen. Indem wir darthun, daß die Verweisungsbeschlüsse der Anklagesenate schon jetzt wesentlich strafverfolgende Angriffsakte gegen den Angeklagten sind, indem wir an die Befugnisse der Rathskammern erinnern und schließlich sogar darauf verweisen, daß nach französischem Recht der Untersuchungsrichter dem höchsten Inhaber der gerichtlichen Polizei d. h. dem ministère public theilweis untergeordnet ist, sehen wir, daß schon jetzt die Strafverfolgungsrechte des Staates durch Staatsanwaltschaft und Gerichte gemeinsam wahrgenommen werden und daß man nur in dem einen Punkte, wo die gerichtliche und unabhängige Erwägung der Sachlage am allerwichtigsten sein würde, nämlich bei dem ersten Einschreiten die Staatsanwaltschaft mit einer Art von administrativer Souveränität ausrüstete. Deswegen ist nicht das mindeste Bedenken vorhanden, die Staatsanwaltschaft auch in diesem Punkte dem höheren Ermessen der Anklagesenate unterzuordnen, die Beschwerden gegen verweigerte Berücksichtigung von Verfolgungsanträgen oder wegen voreilig und leichtfertig beantragter Voruntersuchungen an eine höhere collegialische Gerichtsbehörde gelangen zu lassen.

Sicherlich ist es für den öffentlichen Ankläger ebenso ehrenvoll einem Collegium Folge zu leisten, wie dem Justizminister, der vielleicht in einem Falle als ehemaliger Staatsanwalt sehr sachverständig ist und sich um die Amtsführung seiner Untergebenen im Detail kümmert, vielleicht aber auch von den Mitteln und Wegen der Strafverfolgung wenig versteht, weil ihn seine Liebhabereien zum Studium von Familienfideicommiß- oder Lehnssachen vorwiegend hinführten, bevor er in sein Amt gelangte. Eine constante Anklagepraxis, die für ein wichtiges Erforderniß des Rechtslebens erachtet werden muß, wird daher nur durch einen Zusammenhang zwischen Staatsanwaltschaft und höherer Richterbehörde gewährleistet werden können. Höchstens in solchen Staaten, die ein sehr festes und vollkommen abgeschlossenes Verfassungsrecht erlangt haben, oder wegen der Geringfügigkeit und Kleinlichkeit der politischen Interessen überhaupt keine Parteibildung nach großen Gesichtspunkten aufkommen lassen, würde die öffentliche Anklägerschaft von der Versuchung zum Mißbrauch ihrer Rechte oder den Schwankungen der Politik genügend befreit sein, um sich dem criminalistischen Stillleben hingeben zu können.

Schwarze sagt (Gerichtssaal a. a. O.): „Man kann und darf nicht dem Staatsanwalte die freie Disposition über die Anklage einräumen — denn mit ihr räumt man die Willkür ein.“ Wir erlauben uns, indem wir ihm ganz und gar zustimmen, die Frage: Wo ist denn eine stärkere Bürgschaft gegen die Willkür: in dem festen Zusammenschluß eines höheren Gerichtscollegiums oder in dem guten Willen eines Justizministers?

Eine Trübung in der Klarheit des richterlichen Amtes würden wir keinenfalls darin erblicken, wenn man aus Besorgniß vor Willkür und zur Ergänzung staatsanwaltschaftlicher Unterlassungsfehler dem Voruntersuchungsrichter ein concurrirendes Recht zum Einschreiten auf erhobene Denunziation geben wollte. In dem neuesten Strafprozeß-Gesetze des Kantons St. Gallen ist das geschehen. Der Voruntersuchungsrichter der heutigen Zeit kann sich nicht mehr gehen lassen wie ehemals, oder sein Amt gleichsam in Schlafrock und Pantoffeln versehen. Wenn er auch aus eigenem Rechte neben dem Staatsanwalt einschritte, so würde er durch sofortige Mittheilung des Geschehenen an die Staatsanwaltschaft, durch seine Stellung zur Rathskammer der Collegialgerichte und vor allen Dingen durch rechtzeitige Zulassung der Vertheidigung vor den höheren Experimenten der „Untersuchungskunst“, vor Uebergriffen bewahrt bleiben. Nur Zweckmäßigkeitsgründe äußerer Art sprechen dafür, daß man die Strafverfolgung in bestimmten Händen concentrire; es erscheint als eine Schwerfälligkeit, wenn die gerichtliche Polizei sowohl zur Verfügung des Staatsanwalts, als des Untersuchungsrichters stehen sollte.

Wie nachtheilig die jetzige Coordination der strafverfolgenden Behörden mit den richterlichen zu wirken vermag, habe ich an einem den Tageblättern entnommenen Vorgange gezeigt. (Allg. deutsche Strafrechts-Zeitg., Januarheft S. 70.) In einem Preßprozeß hatte der angeklagte Redakteur zum Zwecke seiner Vertheidigung sich ein Exemplar der in Beschlag genommenen Druckschrift bei Gericht ausgebeten. An die Staatsanwaltschaft mit seinem Gesuche verwiesen, erhielt er den Bescheid, daß nur das Gericht über die Aushändigung beschließen könne. Der Redakteur beantragte hierauf Vertagung bis zu dem Augenblicke, wo im Beschwerdewege die Competenzfrage entschieden sein würde. Es läßt sich denken, daß sich dieser Streit, der mehrmalige Vertagung zur Folge hatte, sogar zwischen Gericht, Staatsanwaltschaft und Criminalpolizei, drei einander coordinirten Behörden, hin und her bewegt hatte. Schließlich umging man die vorhandenen Zweifel, indem man eine Abschrift der incriminirten Schrift bewilligte.

Einer schnellen und stets schußfertigen Strafverfolgung entspricht es unzweifelhaft viel mehr, das Anklagerecht der Staatsanwaltschaft zu übertragen und dieser auch die Leitung der gerichtlichen Polizei anzuvertrauen, wie dies sowohl vom deutschen Juristentage als von dem neuen preußischen Entwurf als wünschenswerth bezeichnet wird. Um so mehr tritt aber dann außer den bereits entwickelten in der Natur des Anklagerechts liegenden Gründen, die Nothwendigkeit hervor, den Machtzuwachs der Staatsanwaltschaft durch Unterordnung unter die Anklagesenate unschädlich zu machen. Ein in der Geschichte überall wiederkehrendes und psychologisch begründetes Gesetz zeigt uns nun einmal: daß in dem Maße, als man die Macht eines Menschen steigert, auch die Neigung zum Mißbrauch derselben wächst. Sogar Schwarze erkennt an, daß die Bestimmung des Braunschweigischen Rechts,[1]) wonach der höchste Gerichtshof eine Anklage wegen Amtsmißbrauchs gegen die

1) Der § 22 des Braunschweigischen Gesetzes über die gerichtliche Polizei vom 19. März 1850 lautet:

Der Kassationshof ist befugt, gegen den Oberstaatsanwalt, die Staatsanwälte und gegen alle richterlichen und polizeilichen Beamten, welche bei Ausübung ge-

Beamten der gerichtlichen Polizei von Amtswegen anbefehlen kann, eine wohlbegründete und durchaus gerechtfertigte Bestimmung ist; denn wenn man einmal der Staatsanwaltschaft die oberste Leitung der gerichtlichen Polizei überträgt, so entsteht die Frage: quis custodiet custodes? Wird sich nicht zwischen Staatsanwaltschaft und Executivpolizei jene natürliche und niemals zu beseitigende Interessengemeinschaft bilden, welche eine unbefangene Beurtheilung begangener Amtsexcesse erschwert? Vor 1848 empfand man ganz allgemein das Unpassende der Bestimmung, welche die Verfolgung der Dienstvergehen von einer Genehmigung der vorgesetzten Dienstbehörde abhängig machte und auf diese Weise die Gerichte einschränkte. Sogar die Erschwerungen, welche das preußische Gesetz vom 13. Februar 1854 durch Competenzconflikte den Strafverfolgungen gegen Beamte in den Weg legte, sind von preußischen Ministern späterhin als unzuträglich und juristisch inconsequent bezeichnet worden. Und dennoch sollten wir heut zu Tage der Staatsanwaltschaft anheimgeben, nach eigenem Ermessen als vorgesetzte Behörde die Amtsexcesse ihrer Untergebenen criminell zu verfolgen? Nach mehr als einer Seite hin wäre das bedenklich. Nicht nur die allgemeine Rechtsordnung und die staatsbürgerlichen Grundrechte könnten darunter leiden, sondern auch die Interessen eines Amtsdelinquenten selbst. Es ist nicht wahrscheinlich, daß wir in unseren *eigenen* Angelegenheiten völlig klar urtheilen, wenn es sich um leibliche Krankheiten oder um die Abwendung von Rechtsnachtheilen handelt. Eben deswegen ist es wenig beruhigend zu wissen, daß es die Staatsanwaltschaft allein sein soll, die über die Strafbarkeit und Strafverfolgung gegen die ihr untergebene Organe urtheilt und somit ihre *eigenen* Angelegenheiten entscheidet. — Der Verfasser des preußischen Entwurfes scheint freilich einer ganz entgegengesetzten Auffassung zu huldigen. Weit davon entfernt, den Gerichten ein Oberaufsichts-Recht über die Thätigkeit der Staatsanwaltschaft einzuräumen, hält er es für nothwendig den Einfluß jener zu vermindern, indem sogar der *Oberstaatsanwalt* über die Person der zu ernennenden Untersuchungsrichter gehört werden soll. Nicht einmal das Legalitätsprincip ist in dem Entwurfe anerkannt, denn der § 72 verordnet: Wenn die Staatsanwaltschaft einen ihr zugegangenen Antrag auf Bestrafung oder die sonstige Anzeige eines Betheiligten „*nicht dazu angethan fin*-

---

richtspolizeilicher Funktionen ein strafbares Dienstvergehen begangen haben, auch von Amtswegen die Einleitung der gerichtlichen Untersuchung zu verfügen.

det," das gerichtliche Strafverfahren anhängig zu machen, so hat sie den Antragsteller oder Betheiligten unter Angabe der Gründe zu bescheiden."

VI.

Untersuchen wir die Umstände, welche zur Rechtfertigung der Abhängigkeit der Staatsanwaltschaft vom Justizministerium weiterhin angeführt werden oder gegen deren Unterordnung unter die Gerichte sprechen sollen, so hören wir von Herrn von Freydorf in seinem Gutachten und auch von Schwarze hervorheben:

„Eine Regierung kann billig die Befugniß in Anspruch nehmen, eine ihrer Ansicht nach gesetzwidrige Handlung zur Entscheidung und eventuellen Bestrafung an die Gerichte bringen zu lassen."

Dabei schwebt offenbar die Besorgniß im Hintergrunde, daß weder die Staatsanwaltschaft noch die Gerichte die Strafbarkeit etwa vorkommender, der Regierung unbequemer Handlungen vom Rechtsstandpunkte aus begreifen, ohne daß eine Anregung von der Regierung gegeben wird. Wir wiederholen was wir bereits früher gesagt: Entweder handelt es sich bei dem Wunsche, eine gerichtliche Entscheidung herbeizuführen, um einen vereinzelt gebliebenen, der Gerichtsbarkeit eines bestimmten Kreises zugehörigen Fall, bei welchem die Staatsanwaltschaft unthätig blieb, oder um Vorkommnisse, die durch ihre Allgemeinheit im ganzen Staatsgebiete an Bedeutung gewinnen. Bleibt im ersten Fall die Sache auf sich beruhen, so hat dies sicherlich, praktisch betrachtet, so wenig auf sich, wie eine unvertheidigt gebliebene These einer Doktorpromotion; findet sich im zweiten Fall kein einziger Staatsanwalt bereit, die Auffassung der Regierung zu theilen, so müssen wir sagen, daß uns in einem solchen Ereigniß das juristische Denkvermögen des völlig isolirt gebliebenen Justizministers oder die Wirklichkeit des Erdenlebens zweifelhaft werden würden. Denken wir uns den idealsten Zustand von der Welt: ist es möglich, daß sich alle (unabhängigen) Staatsanwalte vom Justizminister abwenden und seinen Wünschen den Rücken kehren?

Wer der Regierung gelegentlich und extraordinair die Befugniß wahren will, ihrer Ansicht nach strafbare Handlungen an die Gerichte zu bringen, irrt sich entweder in der realen Bedeutung vereinzelter Rechtsfälle oder er meint unter jenem Vorbehalt für die Regierung wirklich ein administratives Anklage-System, vermittelst dessen die Strafrechtspflege in die größte Abhängigkeit von dem jedesmaligen Justizministerio gebracht wird. Man täusche sich doch nicht über die Tragweite, die einer solchen Forderung innewohnt. Sollte ein Ereigniß eintreten, das bestraft zu sehen, das dringendste Interesse und der größte Wunsch einer jeweiligen Regierung ist, bedarf es dazu und um sich für außerordentliche Vorkommnisse freie Hand zu bewahren, wirklich der völligen Abhängigkeit der Staatsanwaltschaft? Kann der Justizminister nicht für solche Ausnahmefälle, deren Wichtigkeit nur ihm allein, nicht aber der unabhängigen Staatsanwaltschaft begreiflich wäre, in eigener Person oder durch Stellvertretung eines seiner vortragenden Räthe, oder durch Beauftragung eines Rechtsanwaltes sein Rechtsinteresse befriedigen? Man möge ihm, um alle Noth zu endigen, eine derartige Einräumung ausdrücklich machen, obwohl ich dieselbe für überflüssig halte. Etwas anderes ist aber, was viele Anhänger der französischen Staatsanwaltschaft hinter jenem unscheinbaren Axiom verbergen und verhüllen. Man wünscht in Frankreich, daß das ministère public in seiner Abhängigkeit alles dasjenige von vornherein und ohne besonderen Auftrag thue, was der Justizminister seiner politischen Stellung nach für wünschenswerth hält, damit dieser in einer reservirten Stellung verbleiben und der öffentlichen Meinung gegenüber die Verantwortlichkeit für das Geschehene ablehnen könne. Das Recept für eine im französischen Sinne abhängige Strafrechtspflege besteht aus folgenden Ingredienzen: 1) eine Staatsanwaltschaft, welche durch ihre Abhängigkeit von vornherein genöthigt ist, alle dem herrschenden System zuwiderlaufenden Angriffsakte, soweit als thunlich und möglich erscheint, bei den Strafgerichten erster Instanz anhängig zu machen; 2) eine Besetzung der Gerichtsdirektorenstellen in der Weise, daß die Strafgerichte durch besonders geeignete Personen commissarisch gebildet werden; 3) ein höchster Gerichtshof, dessen Criminal-Abtheilungen mit denjenigen besetzt werden, welche entweder der Meinung der Regierung auch in Rechtsfragen Autorität beimessen, oder durch ihre Vergangenheit für die ernennende Regierung Bürgschaften der Conformität darbieten. Die Unabsetzbarkeit wird in diesen Fällen nur eine Bürgschaft dafür, daß ein bestimmtes Regierungssystem über seine politische Dauer hinaus juristisch perpetuirt werden kann. 4) Die Verfügung über die Rechtsmittel beim höchsten Gerichtshofe in die Hände von Männern zu legen, deren Nachgiebigkeit gegen die Wünsche der Regierung Gewissens-, Herzens- oder Interessen-Sache ist.

Eine Regierung, welche es in ihrer Hand hat, jede Sache bei den Gerichten erster Instanz anhängig zu machen, einen Criminalprozeß durch Rechtsmittel in die höchste Instanz zu führen, die Criminal-Abtheilungen des höchsten Gerichtshofes einseitig in ihrem Sinne zu bilden, beherrscht meiner Ansicht nach in wenig beschränkter Weise die Strafrechtspflege. Ob die höchsten Verwaltungs-Instanzen von dieser Macht Gebrauch machen oder nicht, ist eine Sache für sich. Der politische Parteistandpunkt wird aber dabei sicherlich Einfluß gewinnen, wenn es sich um politische Interessen handelt. In den Uebergangszuständen einer langsam vor sich gehenden Verfassungsentwickelung sind die Criminalgerichte niemals unberührt geblieben von Partei-Anschauungen. Je mehr sich die Autoritätsprincipien in Kirche und Staat gelockert haben, je weniger eine Institution durch ihr bloßes Bestehen und ihre Vergangenheit Achtung gebietet, je stärker die Neigung wird, staatliche Einrichtungen nach ihren Wirkungen und ihrem Werthe für die Gesellschaft zu messen, desto seltener wird es auch gelingen, eine Regierung von den Parteien im öffentlichen Leben zu isoliren. Schon hören wir von den Preußischen Staatsmännern, denen die Autorität des monarchischen Princips am höchsten steht, die Doktrin vertheidigen, daß jede Regierung sich auf bestimmte Parteien stützen müsse, also in einem abstrakten Princip nicht wurzeln könne. Wird demgemäß nicht auch bei der Besetzung der Richterstellen in Criminalsachen der Grundsatz vertheidigt werden können, daß unter sonst gleichen Bedingungen die Parteistellung im öffentlichen Leben, die Gesinnung den Ausschlag geben müsse? Daß bei der Staatsanwaltschaft die Conformität mit den Maßregeln der Regierung den Charakter einer Amtspflicht annimmt, versteht sich von selbst, sobald die Gesetze der vollziehenden Gewalt anheimgeben, das Personal der Staatsanwaltschaft zu wechseln und zu entlassen.

Eine abhängige Staatsanwaltschaft drängt zu der Frage: Soll die Strafrechtspflege in politischen Prozessen der jeweiligen Staatsmacht zur Verfügung gestellt werden? Ist die gerichtliche Verfolgung politischer Gegner ein nothwendiges Mittel, Parteifragen auszufechten? Ist die bald strengere, bald mildere Anwendung politischer Strafgesetze je nach den Bedürfnissen der Zeit ein allgemein staatsrechtliches Interesse?

Daß die Staatsanwaltschaft in alle Wechselfälle der Politik sehr leicht hineingezogen werden kann, sollte man im Hinblick auf Frankreich nicht leugnen, sobald man einmal zugegeben hat, daß die Besetzung der Justizministerien nicht nur mit Rücksicht auf Qualification, sondern auch wegen der politischen Zugehörigkeit zu dem Gesammtministerium, zu dem Regierungssystem in constitutionellen Staaten zu erfolgen pflegt. Es ist bei krankhaften Zuständen sehr denkbar, daß das politische Element in der Person des Justizministers nach den Plänen der höchsten Staatsleitung über das juristische überwiegt. In dem fertigsten Verfassungsstaate der neueren Zeit, in England hat man dies so wenig verkannt, daß man an der Unvereinbarkeit einer justizministeriellen Oberaufsicht mit der richterlichen Unabhängigkeit festhaltend, auf die Einrichtung eines Justizministerii bisher verzichtet hat — ein Verzicht, dessen Weisheit ich bewundere, denn es bedeutet: die Gefahr, eine nach Parteiprincipien wechselnde, jeden Augenblick entlaßbare Verwaltungsstelle rescribirend, anordnend, aufsehend auf die ihrem Wesen nach selbständigen Richtercollegien einwirken zu lassen; er bedeutet ferner: daß die Gerichte außerhalb der politischen Interessen stehen sollen; und daß eine Vernachlässigung oder die größere Schwerfälligkeit der Justizverwaltung ein geringeres Uebel ist, als die ideelle Beeinträchtigung, die entfernteste Gefährdung richterlicher Unabhängigkeit in der Rechtsprechung. Es ist Kurzsichtigkeit, wenn man in Deutschland glaubt, daß die Stellung der Gerichte gegenwärtig dieselbe geblieben ist, wie sie vor hundert Jahren war und wenn man an die Unabhängigkeit derselben den Maßstab legt, der ehemals zutreffend war, heut zu Tage aber unpassend wird, seitdem die Gerichte nicht mehr außerhalb der Zeitströmungen gedacht werden können. Die täglich wechselnde Mannigfaltigkeit verwaltungsrechtlicher Interessen spitzt sich fort und fort zu criminalrechtlichen Fragen zu. Wir halten es daher, Angesichts der Gerichtsverfassungsfrage und der Einrichtung der Staatsanwaltschaft für geradezu nothwendig, hervorzuheben, daß die constitutionelle Regierungspraxis der Gegenwart an der Wirksamkeit der Strafgerichte ein viel weiter gehendes Interesse hat, als irgend eine Zeitepoche der absoluten Monarchie; die Zugänglichkeit der Gerichte für die Auffassungen und Tendenzen des jedesmaligen Systems, ist das häufig nicht ausgesprochene, aber nichtsdestoweniger von den Parteien vereinbarte Ziel moderner Justiz-Organisationsgesetze, in denen die Staatsanwaltschaft der Wärmeleiter für die Wünsche der obersten Staatsverwaltung sein soll.

Auch in Preußen ist es völlig unmöglich, jede Analogie mit den für uns so lehrreichen Zuständen Frankreichs einfach von der Hand zu weisen. Justiz-Organisationsgesetze werden nicht gemacht nach dem Vertrauen, welches man einer gerade vorhandenen, vielleicht vortrefflichen Staatsregierung schuldet, sondern nach den Erfahrungen der Vergangenheit, den Lehren der Rechtsgeschichte und der Vorsorge für die unabsehbaren Wechselfälle der Zukunft. Das Gefühl unserer eigenen Stärke und Sicherheit darf uns nicht abhalten, auch die Schwäche unserer Nachkommenschaft in Rechnung zu ziehen. Mit der richterlichen Unabhängigkeit verhält es sich wie mit Festungsbauten, denen die Stärke gegeben wird, welche die denkbar schwersten Angriffswaffen eines noch gar nicht vorhandenen, sondern im Voraus gedachten Gegners haben können.

VII.

Um darzuthun, daß selbst im preußischen Staate der Einfluß verschiedener Regierungssysteme auf den Gang der Strafrechtspflege zurückwirkte, verweisen wir auf die im Justizministerialblatte enthaltenen Tabellen über den Geschäftsumfang der Gerichte. Es sei uns erlaubt, einige wenige Mittheilungen demselben zu entnehmen. Unter dem Ministerium Auerswald finden wir 1861: 60 Majestätsbeleidigungen im Vergleich zu 179, also dem fast dreifachen Betrag im Jahre 1863; Religionsverbrechen 82 im Vergleich zu 98; Vergehen gegen die öffentliche Ordnung 22,721 gegen 21,142. Nach dieser letzteren Ziffer hätte sich also die öffentliche Ordnung 1863 gestärkt; denn die Angriffe dagegen verminderten sich. Erwägt man aber, daß unter jener, auf 1861 bezüglichen Zahl 14,239 Fälle der Bettelei und Landstreicherei enthalten waren; von dieser Vergehensklasse, deren Zusammenhang mit wirthschaftlichen Zuständen sehr deutlich hervortritt, 1863 aber nur 11,840 vorkamen, so verliert diese Gegenüberstellung an Bedeutung. Unter den Vergehen gegen die öffentliche Ordnung befinden sich viele, welche, wie Widersetzlichkeit gegen Beamte, Schmähung von Staatseinrichtungen, Gefährdung des öffentlichen Friedens durch Anreizung der Staatsangehörigen zu Haß und Verachtung, Elemente der politischen Unzufriedenheit enthalten. Zieht man daher von der Gesammtzahl die Fälle des Bettelns und der Landstreicherei ab, so bleiben für 1861 nur 7482, für 1863 dagegen 9102 andere Vergehensarten übrig. Höchst bemerkenswerth ist ferner das Verhältniß der Preßvergehen in den genannten Jahren. Wir finden deren 1861: 62, im Jahre 1863: 273; auf die Rheinprovinz kommen hiervon 9 und beziehungsweise 22. Während also in der einen Provinz sich die Ziffer um etwas mehr als verdoppelt, hat sie sich in anderen mehr als vervierfacht; eine interessante Thatsache, geeignet als Fingerzeig, warum die Urtheile Rheinischer Juristen über das ministère public verschieden sind von denjenigen der altländischen Provinzen. Wir verzichten hier gänzlich auf eine Untersuchung des Causalzusammenhanges zwischen dieser zum Theil ungeheuren Vermehrung der Vergehensfälle und der Thätigkeit der Anklagebehörden. Der Leser möge nach seinen eigenen Erinnerungen prüfen, ob in der Presse eine plötzlich vulcanisch hervorbrechende Leidenschaft, ein Nothstand die Verfolgungen steigerte oder die veränderte Stellung der höchsten Staatsleitung zu der Auslegung des Verfassungsrechts. Ich für meine Person halte mich zu der Behauptung berechtigt, daß es eine Umwandlung der Regierungsmaximen war, welche hier wenigstens theilweise in den Erscheinungen der Strafstatistik ausgeprägt vor uns liegt. Hätten wir eine Statistik der Beschlagnahmen von Preßerzeugnissen und von disciplinaren Verfolgungen gegen Beamte, so würden wir ein weiteres Material zur Erörterung der vorliegenden Frage benutzen können. Was wir ganz besonders vermissen, ist eine genaue Statistik der politischen Vergehen, in denen die Staatsanwaltschaft gegen die Freisprechungen unterer Instanzen Rechtsmittel einlegte. Gerade auf diesen Punkt werden wir im Zusammenhang mit einer anderen Frage noch einmal zurückkommen.

Mit dieser durch die Anklagebehörden vermittelten Zuführung politischer Interessen in die Strafrechtspflege ist indessen der ganze Umfang unseres Gegenstandes nicht erschöpft. Man bedenke, daß der Staatsanwalt zahlreiche andere Geschäfte von Wichtigkeit zu besorgen hat; er wird bei Begnadigungsgesuchen zu Rathe gezogen. Es liegt nahe, zu fürchten, daß auch bei dieser Veranlassung eine politische Betrachtungsweise sehr leicht Eingang finden kann. Ich selbst habe zahlreiche Begnadigungsgesuche gelesen, in denen die Petenten, um ihren Zweck zu erreichen, politische und religiöse Glaubensbekenntnisse ablegten; ich weiß, daß einzelne Verwaltungsbeamte, insbesondere Landräthe, auf Befragen sich gegen ihre vorgesetzte Behörde für die Abweisung von Begnadigungsgesuchen aussprachen, weil der Verurtheilte zu den politischen Feinden der bestehenden Regierung zu zählen sei. Wenn nun eine Regierung — was sicherlich niemals verwehrt werden kann, bei Begnadigungen ebenso wie bei Belohnungen, Beförderungen und Ordensverleihungen auf die politische Gesinnung Rücksicht nimmt, wenn sie von den ihr untergebenen Organen über derartige Verhältnisse Rechenschaft verlangt und Gutachten einfordert, ist nicht der administrativ abhängige Staatsanwalt in die Stelle einer politischen Advokatur hineinversetzt? Man vergegenwärtige sich doch, wie alle diese Verhältnisse auf das öffentliche Rechtsbewußtsein zurückwirken.

Unserer Ansicht nach ist es durchaus unmöglich, das Legalitätsprincip neben einer administrativ abhängigen Stellung der Staatsanwaltschaft durchzuführen. Besser und ehrlicher ist, unter der Voraussetzung der Abhängigkeit geradezu zu verkünden, daß das öffentliche Interesse der Maßstab des criminellen Unrechts darstellen soll. Das öffentliche Interesse der Regierungen gebietet, die Linie des Erlaubten bei den Gegnern des herrschenden Systems sorgfältig abzuzirkeln, die fehlgreifende Loyalität aber „an der schlaffen Leine" schwimmen zu lassen. Wenn ein Gegner der Staatsregierung öffentlich beleidigt wird, liegt es nicht sehr nahe, das öffentliche Interesse gerade in der Privatverfolgung besser gewahrt zu sehen, als in einem Criminalprozeß? Die ganze Stärke der Opportunität zeigte sich in dem pariser Prozeß gegen die „dreizehn," welche die Staatsanwaltschaft wegen unerlaubter Vereinigung anklagte, obwohl das Gesetz für den Thatbestand des Vergehens mindestens 21 Personen fordert. Eine Regierung, die sich zu den Arbeiterfragen derartig verhält, daß sie bei den Wahlen Vortheile ziehen könne, wird die Strafbestimmungen gegen Coalitionen ganz anders handhaben lassen, als die reine Rechtsauffassung vorschreibt. Auch darüber hat man in Frankreich und in anderen Staaten Erfahrungen gesammelt. Für die Presse ist es gefährlich, diese Verhältnisse zu besprechen; denn durch Zeugen können die ursachlichen Zusammenhänge zwischen Strafverfolgungen und politischen Motiven niemals dargethan werden; auch haben die meisten Gerichte die fehlerhafte Praxis, daß sie bei Beleidigungen und Verleumdungen die Wahrheit der gerügten Vorwürfe niemals im Wege der Schlußfolgerung aus dringenden Indicien, sondern nur durch direkte Beweismittel darthun lassen. Die Gerichtsorganisation muß bei ihren Reformen indessen die öffentliche Meinung und das allgemeine Mißtrauen in einen bestehenden Zustand als ein bestimmendes Moment anerkennen; die juristisch subtilsten Urtheilsfällungen haben leider einen sehr geringen Werth, wenn das persönliche Vertrauen in die richtenden Personen einmal allgemein erschüttert worden ist. Mit Beziehung auf die Staatsanwaltschaft muß aber eine neue Prozeß-Ordnung in Preußen darnach forschen: ob die öffentliche Meinung Anzeichen darbietet für den Glauben, daß das Anklagerecht im politischen Sinne geübt wird? Ließe sich dies nachweisen, so würde genügender Grund vorhanden sein, auf eine solche Ueberzeugung hin die administrative Stellung der Staatsanwaltschaft mit der Unterordnung unter einen Gerichtshof zu vertauschen. Für den Fall, daß der Entwurf einer preußischen Strafprozeß-Ordnung wirklich zur Berathung gelangen sollte, wäre es dringend wünschenswerth, zur Verbreitung richtiger Maßnahmen das Verhältniß der Staatsanwaltschaft zu den Rechtsüberzeugungen der gebildeten Klassen festzustellen, alle für diesen Zweck disponiblen Erkenntnißquellen zu benutzen und namentlich das Urtheil derjenigen einzuholen, welche, aus der Staatsanwaltschaft ausscheidend, späterhin in die Reihen der Advokatur eintreten und somit einerseits keine starken Motive der Zurückhaltung im Urtheil, andererseits keine Einseitigkeit der Berufsanschauung befürchten lassen.

Im Vergleich zu jenen erheblichen Schwankungen, welche für politische Prozesse in Preußen statistisch nachgewiesen werden, verdient hervorgehoben zu werden, daß für die große Masse der gemeinen Verbrechen im Allgemeinen, einschließlich der politischen, die ständige Anklagethätigkeit in Preußen eine feste Gleichmäßigkeit der Wirkungen anfängt. Für die drei Jahre 1861, 1862 und 1863 zeigt die Statistik (Justiz-M.-B. 1864. S. 307) aus dem Geschäftsbetrieb der Staatsanwaltschaft: an sofort zurückgewiesenen Denunciationen 15%, 14% und 14%, an Ueberweisungen zur Erledigung an andere Behörden jedesmal in den drei Jahren 7%, an Verzichtleistungen auf weitere Verfolgungsakte 29%, 29% und 30%; an Anklageerhebungen 40%, 40% und 39%. Diese Resultate sprechen im Allgemeinen gewiß zu Gunsten einer ständigen Anklagebehörde. Es würde aber irrig sein, aus diesen Durchschnittssätzen zu folgern, daß der persönliche Charakter der staatsanwaltschaftlichen Beamten durch die objektiv vorhandene, allen gemeinsame Berufsaufgabe zurückgedrängt würde. Im Gegentheil zeigt eine Vergleichung der einzelnen Gerichtsbezirke häufig die größten Abweichungen in der Zahl der Anklageerhebungen: Abweichungen, die weder als zufällige betrachtet werden können, noch auch aus dem verschiedenen Maße verbrecherischer Thätigkeit unter den Gerichtseingesessenen erklärbar sind. Uns selbst ist ein Beispiel bekannt, daß in einem Kreisgerichtsbezirke Preußens nach dem Wechsel der staatsanwaltschaftlichen Person die Zahl der Anklagen sich um 30% gegen früher vermehrte und auch die Ziffer der Freisprechungen erheblich stieg. Leider ist unsere preußische Justizstatistik, soweit sie sich nicht auf die Schwurgerichtspflege bezieht, sehr dürftig und unvollkommen, so daß wir diese Untersuchungen nicht weiter verfolgen können; jedenfalls würde jene Ungleichheit in der Wirkung strafrechtlicher Repression wiederum zur Rechtfertigung einer Unterordnung der Strafverfolgung unter die Anklagesenate, als eine constant bleibende Größe führen. Man kann zwar sagen, daß auch die Zusammensetzung dieser Collegien von dem Einfluß wechselnder Personalverhältnisse nicht unberührt bleibt; es leuchtet indessen ein, daß das Aufsichtsverhältniß des Anklagesenats im Verhältniß zu demjenigen eines Justizministers eine gleichmäßigere Wirkung der Natur der Sache nach haben muß. Wenn Schwarze (Gerichtssaal a. a. O. S. 422) sagt:

> „Vor allen Dingen aber ist darauf hinzuwirken, daß in der Staatsanwaltschaft der Geist unbeugsamer, jeder Willkür fremder, das Gesetz und um das Gesetz befolgender und zwar dieses in einem verständigen Maße erklärender Gerechtigkeit sich verkörpere.“

so begreife ich in der That nicht, wie man Angesichts eines solchen Zweckes die Nützlichkeit meines Vorschlages verkennen kann. Der höchsten Justizstelle selbst kann vom Standpunkt der Legalität aus eine dem Rechtszweck des Staates entsprechendere Haltung gegeben werden, wenn die Einwirkung auf die Strafverfolgung von vornherein und ein für allemal abgeschnitten wird. Wie die Verhältnisse heut zu Tage liegen, wird sich schwerlich bestreiten lassen, daß die Justizminister als Mitglieder eines politischen Kabinets gegen andere Ressorts thunlichst Rücksicht nehmen müssen. Mittelbar können daher auch die Rechtsauffassungen der Ministerien des Innern und des Handels zu einer Einwirkung auf die Justiz gelangen. Die Collegialität der Staatsministerien fordert hier ein Zusammenwirken, in dem die einseitige persönliche Ansicht des Justizministers sehr leicht verdrängt werden kann. Im Vertrauen auf diese politische Einheit der höchsten Staatsleitung ist denkbarer Weise dann auch die Unparteilichkeit des Staatsanwaltes gegenüber den Denunciationen eines Landrathes gefährdet.

VIII.

Gegen die Unterordnung der Staatsanwaltschaft unter die Autorität der Anklagesenate werden gewöhnlich zwei Einwendungen erhoben, die sich selbst einander widersprechen, nämlich 1) daß gegen den Mißbrauch des Anklagerechts immer der Schutz unabhängiger Gerichte die natürliche Gegenwehr bilde und 2) daß auch die Unabhängigkeit der Gerichte ihrerseits gefährdet werden könne und dann die Unterordnung der Staatsanwaltschaft unter abhängige Gerichtskörper zu demselben Resultate führen würde, das man zu vermeiden wünscht.

Schwarze bemerkt (Gerichtssaal a. a. O. S. 415): „Will der Minister Willkür üben, und kann er dies nach Lage der politischen Verhältnisse, so übt er sie unmittelbar wie mittelbar. Im Gegentheil wirkt die Corruption der Gerichte noch sicherer, unvermerkter und nachhaltiger als unmittelbares Auftreten durch den Staatsanwalt und Einwirken auf dieselben, was sofort die öffentliche Meinung wach ruft und mit jedem Personenwechsel von neuem beginnen muß.“ Ich gebe zu, daß die Verderbniß in den Gerichten schlimmer ist, als in der Staatsanwaltschaft. Allein der Gedankengang in den Ausführungen von Schwarze scheint mir ziemlich verfehlt. Derselbe scheint davon auszugehen, daß die Interessen, denen die Staatsanwaltschaft dienen soll, so mächtige sind, daß sie sich in jeder Weise geltend machen würden, daß sie, wenn man ihnen den Weg in die Staatsanwaltschaft verstopft, dann mit um so größerer Gewalt an einer andern Stelle wieder hervorbrechen würden. Es scheint, als ob uns die schreckliche Perspektive eröffnet werden soll, daß die Unabhängigkeit der Staatsanwaltschaft vom Justizministerio in gleicher Weise zu einer Abhängigkeit der Gerichtshöfe hinführen könnte.

Uebrigens ist die Voraussetzung, von welcher Schwarze ausgeht, eine ganz irrige. Der Gegensatz zwischen einem rechtlich gesinnten Justizminister, dem die Staatsanwaltschaft ohne Besorgniß untergeben werden könnte und einem willkürlich schaltenden Justizminister, dem man lieber die Staatsanwaltschaft als die Gerichtshöfe preisgeben soll, ist ein ganz unzulässiger. So lange der Justizminister rechtlich über die Staatsanwaltschaft verfügt, kann die Willkür überhaupt niemals constatirt werden. Es gilt dann eben die Freiheit des Ermessens in der höchsten Stelle. Nach dem Opportunitätsprincip heißt es: der Justizminister brauche seine Machtvollkommenheiten an der Spitze der strafverfolgenden Behörden so, wie er es für zweckmäßig hält; und nach dem Legalitätsprincip werden sich immer einige Interpretationsmittel finden lassen, mit deren Hülfe entweder eine Anklage unterbleibt, die als rechtlich nothwendig erscheint, oder eine Anklage erhoben wird, die dem allgemeinen Rechtsbewußtsein zuwiderläuft.

Was nun zunächst den uns gespendeten Trost betrifft, daß es den **unabhängigen** Gerichten obliege uns gegen den Mißbrauch des Anklagerechts und der staatsanwaltschaftlichen Initiative zu schützen und deswegen wirklich Mißgriffe nicht der Staatsanwaltschaft, sondern vielmehr den Gerichtshöfen zur Last fallen würden, so habe ich darauf aufmerksam zu machen, daß die Staatsanwaltschaft in ihrer jetzigen Gestalt die Unabhängigkeit der Gerichtshöfe selbst um ein gewisses Maß verringert.

Zunächst muß man sich von dem Irrthum lossagen, als ob die Unabhängigkeit der Gerichtshöfe völlig gleichbedeutend wäre mit Unabsetzbarkeit und Unversetzbarkeit der richterlichen Personen. Die ehemals gangbare Betrachtungsweise begnügte sich damit die **Motive der Furcht** und die Besorgniß etwaiger äußerer Nachtheile vom Richter fern zu halten. Wenn dies geschehen, so hat man nur einem Theile der Aufgabe genügt. Ebenso wichtig ist es nämlich, auch den Gerichten die Motive der Hoffnung und Belohnung für eine der Regierung angenehme Rechtsprechung zu entziehen. Auch das Beförderungswesen steht im engsten Zusammenhang mit der Unabhängigkeit der Urtheilsfällung. Haben wir einmal sehr verschiedene Gehaltstufen in den Amtsverhältnissen, und herrscht einmal die Praxis oder auch nur der **Glaube** in der Praxis, daß bei Ernennungen zu höheren Aemtern über das politische Verhalten nach Oben berichtet wird, giebt es überhaupt allgemein wirkende Motive in der Criminalrechtspflege dafür, daß man sich nachgiebig erzeige gegen die äußerlich dargelegten Wünsche der Regierung, so dürfte es doch fraglich sein, ob die richterliche Unabhängigkeit im vollsten Maße bestehen kann. Meine Ansicht ist, daß wir allen Grund haben, zu prüfen und zu erwägen, ob die Gerichte gegenwärtig in solchem Umfange unabhängig sind, wie die Prozeßtheorie fordert. Die Mittel, mit denen auf die Gerichte eingewirkt werden kann, wechseln ihre Form beständig. Auch die Anstalten der Abwehr, mit denen der Beeinflussung des richterlichen Amtes entgegengewirkt werden soll, müssen demgemäß verschieden sein und ich halte es für eine bloße Abstraktion, wenn man in der Lehre von der Gerichtsverfassung Unabsetzbarkeit und Unabhängigkeit für äquivalente Dinge ansieht.

In Frankreich ist gegenwärtig die Staatsanwaltschaft ein Werkzeug, durch dessen richtigen Gebrauch die Staatsregierung die Rechtsprechung in ihrem Sinne zu beherrschen vermag, ohne daß sich irgend jemand getrauen darf, diese Thatsache wirklich zu behaupten. In demselben Augenblicke, wo die Regierung dessen sicher ist, daß sie fast jede ihr wünschenswerthe Verurtheilung erlangen kann, verkündet sie selbst das Dogma von der Unabhängigkeit der Gerichtshöfe als ein völlig unantastbares.

Wenn beispielsweise die Staatsanwaltschaft mit ihren Anklagen und Anträgen in solchen Sachen, deren Entscheidung die politischen Machtinteressen berührt, von einem bestimmten Gerichtshofe mehrmals hintereinander zurückgewiesen wird, wenn der Justizminister den Grund dieser ihm mißliebigen Erscheinung in den Mangel genügender Criminalpraxis bei den Beisitzern jenes Gerichtshofes suchte, wenn er sich durch die Staatsanwaltschaft über die Personalverhältnisse Bericht erstatten läßt, wenn eine veränderte Besetzung der Gerichtsbank entweder im Wege der Beförderung einzelner Richter oder durch eine Verfügung der Gerichtspräsidenten herbeigeführt wird, wenn der Vorsitzende einer Criminal-Abtheilung auf eine andere Stelle entfernt wird — welcher Publicist dürfte ungestraft behaupten, daß es politische Motive des Justizministers waren, welchen jene Veränderungen und Maßnahmen zugeschrieben werden müssen? Wir zeigen hier nur den Prozeß, wie er möglicherweise in Deutschland vor sich gehen kann, und wie er in Frankreich wirklich vor sich gegangen ist; wir deuten an, daß die Versuchung in solcher Weise auch die Criminalgerichte nach den Wünschen der Regierung zusammenzusetzen an jeden Staatsmann herantreten kann, in dessen Augen das Treiben bestimmter, der Regierung feindlicher Parteien als ein völlig unberechtigtes und sittlich geradezu verwerfliches erscheint.

Gerade durch die abhängige Staatsanwaltschaft wird zu den bereits vorhandenen Mitteln, durch welche siegende Parteien an dem festen Bau der Gerichtsverfassung rütteln, ein neues hinzugefügt. Thatsächlich steht für uns fest, daß die französischen Gerichtshöfe seit 1810 im Vergleich zum ancien régime an fester Haltung gegen die politischen Schwankungen erheblich verloren haben. Weit davon entfernt, daß ihre (nominelle) Unabhängigkeit einen Schutz gegen ungerechte Verfolgungen gewährt hätte, waren es gerade die Gerichte, die vermittelst der Staatsanwaltschaft in die Abhängigkeitsverhältnisse derselben nach und nach hineingezogen wurden. Ich glaube nicht, daß wir Grund haben, auf die Verschiedenheiten des Nationalcharakters bei französischen und deutschen Richtern ein übertriebenes Gewicht zu legen. Unsere Aufgabe ist vielmehr, von unserm Nachbarn zu lernen. Wie diese nach Deutschland Abgeordnete senden, um Volksschulwesen, Vorschußvereine, Arbeiterassociationen kennen zu lernen und die längere Erfahrung, über die wir verfügen, bereitwillig anerkennen, gerade so dürfen wir die französische

Justizorganisation als einen Gegenstand des unbefangenen Studiums behandeln, ohne es von der Hand zu weisen, daß deutsche Richter denselben Gefahren ausgesetzt sein können, die in Frankreich hervortreten. In Paris ist es allmählig dahin gekommen, daß man einer Verurtheilung in politischen Prozessen sicher sein kann. Daß dies der Fall ist, darf man größtentheils dem Drucke zuschreiben, mit welchem das ministère public auf der Gerichtsverfassung lastet. Wenn nun in Preußen Angesichts des neuen Entwurfes zu einer Strafprozeß-Ordnung eine Entscheidung getroffen werden soll, so wird jeder Jurist zu prüfen haben, ob er den bisherigen Gang der französischen Gerichtsinstitutionen für beachtenswerth halten will oder es als eine vorausbezahlte Beleidigung zukünftiger Justizminister erachtet, wenn man ihnen menschliche Schwächen, falsche Gesetzesauslegungen, politische Motive des Handelns oder eine abhängige Charakterschwäche zutraut, wenn man die Störungen der Rechtspflege gleichsam compensirt, indem man sich daran erinnert, daß sogar Metall in verschiedenen Temperaturen verschiedene Dichtigkeitsverhältnisse annimmt. Ich verzichte hier auf jede Erörterung der Frage, was abgesehen von der veränderten Organisation der Staatsanwaltschaft geschehen muß, um die moralische Autorität der Strafrechtspflege über ihren jetzigen Stand hinaus zu erhöhen und bemerke, damit ich nicht mißverstanden werde, nur das eine, daß allerdings in meinen Augen unsere gesammte Gerichtsorganisation von den Einzelrichtern bis zum Obertribunal im hohen Maße verbesserungsfähig ist. Obgleich ich mir einen Zustand denken kann, in dem die von mir angedeutete Reform der Staatsanwaltschaft nutzlos sein würde, weil die Gerichte selbst bereits zu tief in politische Parteibestrebungen hineingezogen worden sind, so kann uns dies dennoch nicht beirren, wenn es auf eine klare, dem Rechtsgedanken überall entsprechende Würdigung der Principien ankommt. Die pessimistische Drohung, daß die Unabhängigkeit der Staatsanwaltschaft ein werthloses Gut sein könnte, weil es auch abhängige Gerichtshöfe giebt, mag daher gänzlich auf sich beruhen bleiben.

Vorläufig ist die Wirksamkeit der Staatsanwaltschaft die permanente, von Rechtswegen wirkende Manifestation der Regierungs-Interessen, Wünsche und Absichten. Die Conformität zwischen der herrschenden Politik und der Thätigkeit der Anklagebehörde ist das Princip der französischen Staatsanwaltschaft, deren Muster auch der neue preußische Entwurf beibehalten hat. Die Thatsache, daß nach der Lage der Gesetzgebung der Justizminister jedem Staatsanwalt im Umfange der Monarchie die Erhebung oder Unterlassung einer vereinzelten Anklage anbefehlen kann, hat eine höchst untergeordnete Bedeutung in praktischer Beziehung. Entscheidend ist vielmehr, daß die Staatsanwaltschaft berufen ist — systematisch ein politisches Regime in den Formen des Strafprozesses zu vertreten. Es bedarf in der weitaus überwiegenden Mehrzahl der Fälle gar keiner Anregungen durch den Justizminister hinsichtlich dessen, was geschehen oder unterbleiben soll. Von selbst und ohne fremdes Zuthun eignet sich die Anklagebehörde die obersten Grundsätze der politischen Taxation gegenüber denjenigen Handlungen an, deren Rechtmäßigkeit in Frage kommt. Wenn eine Anklage erhoben wird wegen Schmähung von Staatseinrichtungen oder obrigkeitlichen Anordnungen, so offenbart sich das öffentliche Interesse an der Bestrafung des Schuldigen als der Ausfluß eines allgemeinen Systems. Je unbestimmter der Thatbestand vieler politischer Vergehen ist, je schwieriger die Gränzen zwischen aufrichtigem Tadel und höhnender Schmähsucht objektiv erkennbar gezogen werden können, je mehr eine vielfach angegriffene Richtung in der Staatsleitung dem Rheumatismus in einem kalten Luftzug der Kritik ausgesetzt ist: desto häufiger wird die urtheilende Rechtsprechung unter dem Eindrucke stehen, daß es sich nicht um persönliche Auffassungen des einzelnen Staatsanwalts, sondern um gewichtige Staatsinteressen handelt. Es ist daher erklärlich, wenn man den Courswerth staatsanwaltschaftlicher Deduktionen im Vertrauen auf die Regierung bei Gericht dann und wann höher notirt, als uns angemessen erscheint.

Man erwäge dabei die ohnehin einflußreiche Stellung der Staatsanwaltschaft, die im Criminalrecht durchschnittlich über ein viel höheres Maß von technischer Erfahrung gebietet, als die Richter in den unteren Instanzen, wo es gilt, die Aufmerksamkeit zwischen sehr mannigfaltigen Geschäften zu theilen, während die Staatsanwaltschaft ihrerseits Muße hat, einem Specialfache der Rechtswissenschaft sich ausschließlich hinzugeben. Vergleicht man dasjenige, was in der criminalistischen Literatur der letzten zehn Jahre von Staatsanwalten und von richterlichen Beamten geleistet wurde, so tritt der Unterschied in der Masse und der Art des Geleisteten sehr deutlich hervor. Ich wäre begierig, zu erfahren, wie viele Aufsätze in Goltdammers Archiv für preußisches Strafrecht von Staatsanwalten, wie viele von Richtern geschrieben wurden.

Die durchschnittliche wissenschaftliche Ueberlegenheit des Staatsanwaltes, dessen Amtsgeschäfte ihn auf das Criminalrecht allein hinweisen, über schwach besetzte Gerichtsabtheilungen, deren Mitglieder häufiger wechseln, als die ständige Anklagebehörde und außerdem von der größeren Arbeitslast der Civilrechtspflege, von Referaten und Urtheilsabsetzungen, von der Ausarbeitung umfangreicher Schriftstücke in Anspruch genommen werden, liegt so sehr in der Natur der Sache begründet, daß man sich in der That auf Notorietät berufen darf. So steigert sich gegenüber den Gerichtsbehörden die Macht der Anklage immer mehr und mehr und der criminalistische Theoretiker fühlt sich zu dem Wunsche zeitweise angeregt, daß der Staatsanwaltschaft ein Einfluß auf die Civilrechtspflege, wie in Frankreich gegeben werden möge, damit das zu starke Interesse an der Strafrechtspflege auf andere Gebiete abgelenkt, eine zu weit ausgedehnte Anklagethätigkeit eingeschränkt, die etwa vorhandene Inflammation durch Vertheilung geheilt werde.

IX.

An dem guten Willen der Gerichte ungerechte Anklagen abzuweisen, zweifeln wir im allgemeinen nirgends, weder in Beziehung auf Frankreich, noch in Beziehung auf Deutschland. Worauf es aber ankommt, um die von uns berührten Fragen zu entscheiden, das ist die sachgemäße Abschätzung der Beziehungen zwischen dem richterlichen Amt und den dasselbe umgebenden politischen und socialen Einflüssen. Neuere Preßgesetze verbieten die öffentliche Besprechung des Inhalts einer Anklageschrift vor dem Abschluß der mündlichen Verhandlung. Ich behaupte nun: wenn man mit dieser Bestimmung den möglichen Einfluß der öffentlichen Meinung auf die juristische Prüfung der Sachlage abwehren will und den Richter nach dieser Seite hin für bestimmbar nimmt, so muß man auch gegentheilig die Stärke der von der Regierung ausgehenden, in der ständigen, administrativ abhängigen Anklagebehörde ausgedrückten Einwirkung voranschlagen. Es ist daher nicht ganz richtig, wenn man Verurtheilungen, die dem öffentlichen Rechtsbewußtsein ganz entschieden widersprechen, lediglich der Unfähigkeit oder innerlichen Abhängigkeit des Richters beimißt ohne gleichzeitig zu untersuchen, welcher Antheil an solchen Erfolgen den Anklagebehörden zu gute gerechnet werden muß. Schwarze geht davon aus, daß die Staatsanwaltschaft im Grunde beschaffen sein könne, wie sie wolle und daß man, auf eingreifende Reformen verzichtend, grundsätzlich an dem Vertrauen in den Schutz der Gerichte sich genügen lassen müsse. Mir selbst fehlt die Competenz, um über die Erfahrungen der Sächsischen Spruchpraxis zu urtheilen. Es ist möglich, daß dort der politische Einfluß der Staatsanwaltschaft ein geringerer und weniger fühlbarer ist, als anderwärts; doch mag an dieser Stelle ein Vorkommniß erwähnt werden, das auffallend zu nennen ist. Während vor den preußischen Schwurgerichten 1862 im Ganzen 561 Personen des Meineides angeklagt und davon 235 freigesprochen, 326 verurtheilt wurden, zeigt uns Sachsen im Jahre 1861 nach Schwarze's Mittheilungen (Gerichtssaal 1864 S. 394) 61 Anklagen wegen Meineides mit 35 Freisprechungen und 26 Verurtheilungen. Ich erinnere mich nicht, irgendwo gefunden zu haben, daß die Zahl der Freisprechungen diejenigen der Verurtheilungen in Deutschland überstiegen habe; am allerwenigsten bei ständigen mit gelehrten Beisitzern besetzten Gerichtshöfen. Es wird daher auch hier der Zweifel gestattet sein, ob die Gerichtshöfe bei der Prüfung der Anklagen der Staatsanwaltschaft nicht zu große Einräumungen gemacht haben.

Wenn Schwarze schließlich Angesichts der von mir vorgeschlagenen und vom Juristentage gut geheißenen Reform die Frage aufwirft:

> „Wo ist die menschliche Einrichtung, die frei von Fehlern und Gebrechen wäre? Wo ist die Behörde, gleichviel, wie man ihre Unabhängigkeit sichere und ihre Mitglieder in dieser Beziehung mit dienstlichen Vorrechten begünstige, bei welcher nicht eine solche Abhängigkeit thatsächlich sich zeigen könnte, wie man sie gegenwärtig als Grundfehler in der Organisation der Staatsanwaltschaft bezeichnet?"

so entgegne ich ihm, daß das Bewußtsein der Unvollkommenheit selbst der größten Reformen niemals ein Toleranzedikt für vorhandene Mängel sein darf. Sollen wir uns zur Arbeitseinstellung verleiten lassen, weil wir wissen, daß das absolut Beste unerreichbar ist? Für uns kommt es darauf an, zu untersuchen, ob die administrative Abhängigkeit der Staatsanwaltschaft für die Rechtszwecke des Staates überwiegende Vortheile darbietet im Vergleich zu einer festgeordneten, unabhängigen und collegialischen Oberaufsicht. Ich für meine Person bestreite dies auf das Entschiedenste und rechne auf die Zustimmung aller derer, denen es darum zu thun ist, den Strafprozeß loszulösen von politischen Interessenfragen.

Selbst wenn man bestimmt darauf baut, daß unabhängige Gerichte zu weit gehende Anklagen zurückweisen, sollte man doch nicht vergessen, daß die Strafverfolgungen, in denen die persönliche Auffassung des

Staatsanwaltes im Widerspruch mit dem allgemeinen Rechtsbewußtsein hervortritt, an und für sich vom Uebel sind. Wer vermag ein Bedenken zu unterdrücken Angesichts der Thatsache, daß vor einem Preußischen Apellationsgerichte ein Preßprozeß verhandelt wurde auf Grund einer Anklage wegen Schmähung obrigkeitlicher Anordnungen, eine Anklage, deren Gegenstand ein Angriff gegen das Londoner Protocoll war, deren Verhandlung in eine Zeitepoche fiel, wo Preußens Banner siegreich an den Ufern der Ostsee wehte, wo jedermann den Fehler begriff, der mit der Unterzeichnung einer allgemein verhaßten Urkunde begangen worden war? Beide Instanzen hatten hier freigesprochen,[1]) aber der Gegensatz zwischen der volksthümlichen Rechtsauffassung und der juristischen Denkweise der Anklagebehörde ist in diesem Falle, wie in vielen anderen doch schwerlich wegzuleugnen. Aehnlich war ein Strafprozeß, der zu Berlin gleichfalls in zwei Instanzen freisprechend entschieden wurde. Ein alter Veteran, den das eiserne Kreuz schmückte, hatte im Januar 1863, als die nationale Bewegung in Deutschland hoch fluthete, einen öffentlichen Aufruf erlassen, in welchem er dazu aufforderte, daß diejenigen, welche in das zu bildende (Zukunfts-) Heer für die Befreiung Schleswig-Holsteins unter der Führung des rechtmäßigen Herzogs einzutreten gesonnen seien, unter Vorbehalt der weiter erforderlichen Schritte, ihre Namen und Vermögensverhältnisse u. s. w. anmelden sollten. Die Staatsanwaltschaft erhob eine Anklage aus § 111 des Preußischen Strafgesetzb. (Wer einen Preußen zum Militairdienste fremder Mächte anwirbt oder den Werber den letzten zuführt u. s. w. wird mit Gefängniß von drei Monaten bis zu drei Jahren bestraft), und behauptete unter Anderem, es sei gleichgültig, ob es sich um eine bestehende oder im Entstehen begriffene Macht handle. Im März 1864, nachdem die Lostrennung der Elbherzogthümer von Dänemark bereits vollzogen war, entschied das Kammergericht, ebenso wie vorher das Kreisgericht zu Berlin freisprechend.

Keinen einzigen Augenblick bezweifle ich, daß in allen solchen Fällen die Staatsanwaltschaft nach bestem juristischen Wissen und in der Ueberzeugung verletzter öffentlicher Interessen handelt. Es fragt sich jedoch, ob nicht gerade hier eine Mäßigung der persönlichen Meinungen durch das Princip collegialischer Oberaufsicht herzustellen wäre.

Auch nach einer anderen Seite hin würde auf diese Weise ein

---

1) Neuerdings (Mai 1865) ist aus gleichem Grunde eine Verurtheilung von einem Preußischen Gerichtshofe ausgesprochen worden.

Gleichgewicht gegen die Mängel der staatsanwaltschaftlichen Wirksamkeit zu schaffen sein. Bis jetzt haben es die Anklagebehörden in der Hand durch unterlassene Strafverfolgungen die allgemeine Rechtsgleichheit dem Erfolg nach zu beeinträchtigen, und thatsächlich Begnadigungen zu üben. Es versteht sich nach unsrem Standpunkt für uns von selbst, daß auch die subsidiäre Privatanklage im weitesten Umfange für Verbrechen gegen Einzelrechte und gegen den Staat nicht blos dem unmittelbar Verletzten zugestanden werden sollte. Dennoch ist es sicherlich wünschenswerth, daß man durch das Beschwerderecht gegen die versagte Strafverfolgung der Privatanklage einen thunlichst aushülflichen Charakter gebe. Durchschnittlich wird nämlich die Neigung, auf eigene Gefahr und Kosten einen Strafprozeß anzustrengen immerhin eine geringe bleiben, wo sich an die Verurtheilung eines Beschuldigten (wie in vielen Meineidsprozessen) für den Privatankläger keine mittelbaren Vortheile anknüpfen. Ich zweifle daher, ob sich außer den vermögensrechtlich zurückwirkenden Verbrechen sehr Viele bereit finden werden, sich als Privatankläger der Gefahr des Unterliegens auszusetzen, wenn die Privatanklage eingeführt würde, deren Wirkungen und Vortheile ich mehr in dem corrigirenden Einfluß auf die Thätigkeit der Staatsanwaltschaft und der vollkommenen Befriedigung des strafrechtlichen Genugthuungszweckes, als in einer irgendwie erheblichen Vermehrung der Verurtheilungen suche. Von praktischer Wichtigkeit würde voraussichtlich die Privatanklage da sein können, wo gegenwärtig zu ihrer Erhebung die geringste Neigung vorhanden sein dürfte, nämlich bei allen Vergehen politischer Art und den Amtsverbrechen gegen die staatsbürgerlichen Rechte; also in denjenigen Vorkommnissen, wo die Staatsanwaltschaft als absetzbare Administrativbehörde den Druck des jedesmal herrschenden politischen Regierungssystemes am unmittelbarsten empfinden muß. Gerade hier wird die Beschwerde an die Anklagesenate der Appellationsgerichte als ein neben der Privatanklage wünschenswerthes Auskunftsmittel gegen Unterlassungen der Staatsanwaltschaft von besonderer Bedeutung werden.

Der Generalstaatsanwalt Schwarze sagt (Gerichtssaal a. a. O. S. 421):

„Da wo die Staatsanwaltschaft sich dazu hergiebt, mit Verleugnung dieses Standpunktes (nämlich des Rechtsstandpunktes) politischer Verfolgungssucht zu dienen und das Gesetz zum Vortheile einer oder der anderen Parteimeinung zu beugen, verleugnet sie ihre Aufgabe und schändet sie ihren Beruf."

Dieses Urtheil mag vom Standpunkte der Sächsischen Jurisprudenz aus gerechtfertigt sein; von der französischen Betrachtungsweise ausgehend, liegt dabei ein Mißverständniß zu Grunde. Im Sinne derjenigen Auffassung, bei welcher es bei Strafverfolgungen nur auf öffentliche Interessen ankommt, kann der Staatsanwalt seinen Standpunkt überhaupt gar nicht verläugnen, weil er bei politischen Verbrechen einen eigenen Standpunkt überhaupt nicht haben soll und kann. Er befindet sich in derselben Lage, wie der Präfekt, welcher ausführendes Organ eines höheren Willens ist, wie der Redacteur eines Regierungsblattes, der heute die Erlasse einer republikanischen Regierung, morgen die Ordonnanzen einer restaurirten Dynastie, übermorgen die Decrete eines Dictators registrirt, justificirt und glorificirt. Wie der Soldat, solange er Uniform trägt, wenn er ganz ehrlich und offen ist, seiner politischen Meinung über die einzelnen Regierungsacte des Staatsoberhauptes gar keine Bedeutung beimessen kann, weil er wohl weiß, daß gegnerische Stellung gegen die Staatsregierung nicht geduldet wird, wie der Dienst in der Armee nach den heute geltenden Militärtheorieen die unbedingte Unterordnung unter das höchste Commando auch hinsichtlich der Gesinnungsäußerung bedingt, wie geradsinnige Offiziere es aussprechen, daß sie eine politische, selbstständige Meinung überhaupt nicht haben wollen, weil sie in dem erwählten Berufe nicht geltend gemacht werden darf, gerade so verhält es sich mit der französischen Staatsanwaltschaft. Die Erwählung dieser Amtsstellung bedeutet einen Verzicht auf die praktische Geltendmachung eines eigenen, von der Regierung abweichenden Standpunktes, eine Resignation auf selbstständiges Handeln in einer den Wünschen der Executive zuwiderlaufenden Richtung. Daher kann jener von Generalstaatsanwalt Schwarze hypothetisch hingestellte Vorwurf als ein berechtigter überhaupt nicht anerkannt werden. Ich halte es für durchaus unangemessen und unerlaubt, demjenigen Staatsanwalte irgend einen Vorwurf zu machen, welcher den Ueberlieferungen der französischen Jurisprudenz folgend, heute die Blätter einer legitimistischen Restauration auf das eifrigste verfolgt, während er gegen die Excesse der imperialistischen Presse eine allgemein bemerkbare Nachsicht übt, morgen die Gefahren eines staatswidrigen Ultramontanismus zum Gegenstand seiner anklägerischen Fürsorge macht, übermorgen die Angriffe auf das höchste Wesen und die Vernunft unvereinbar findet mit der staatlichen Ordnung und von Zeit zu Zeit die Rollen austauscht. Dem Privatmann untersagt die Moral, den Mantel nach dem Winde zu tragen; aber dem Seefahrer gestattet sie, die Segel nach dem Winde verschieden zu stellen; sein Beruf und sein Werk nöthigt ihn dazu. Darf man den Seefahrer inconsequent nennen, weil er die Segel wendet? Wer diese Frage zu bejahen den Muth hat, darf allerdings auch von der französischen Staatsanwaltschaft behaupten, „daß sie ihren Standpunkt verändern".

Man kann über den Zweifel hinweggehen, ob es den Vertretern des ministère public nicht anstehen würde, lieber den Abschied zu fordern, als Anklagen gegen die eigene Meinung zu erheben oder zu unterlassen. Jedenfalls würden solche Erwägungen für diejenigen am Platze sein, die sich noch nicht entschlossen haben, in die Unterordnung des Amtsverhältnisses einzutreten. Eintritt und Rücktritt sind wesentlich verschiedene Dinge, die nicht mit einander verwechselt werden dürfen. Außerdem beruhigt sich der französische Staatsanwalt sehr leicht bei der doppelten Erwägung, daß der Schwerpunkt aller Verantwortlichkeit theils in dem nach dem Willen des Regenten handelnden Justizminister, theils in den wirklich oder scheinbar unabhängigen Gerichtshöfen liege. Daß diese Betrachtungsweise für ihn eine relativ berechtigte ist und ihn mit demjenigen versöhnen kann, was ich die Subordination seiner juristischen Denkweise nennen möchte — wer kann dies bestreiten?[1])

X.

Ich wende mich nun zu einem zweiten von mir begründeten, von Schwarze bekämpften Erforderniß einer gründlichen Reform; zur strengeren Durchführung des Anklageprincips, und der damit zusammenhängenden Gleichstellung der Staatsanwaltschaft und der Vertheidigung im Strafprozesse.

Zwei verschiedene Grundauffassungen stehen sich hier gegenüber. Nach der einen, welche von jeher Mittermaier, insbesondere unter Hinweis auf das schottische Recht vertrat, ist die Staatsanwaltschaft, abgesehen von ihrer Ständigkeit, prozessualisch nach Analogie der Privatankläger im Verhältniß zum Richter und zur Vertheidigung zu behandeln; nach der andern, in Frankreich üblich gewordenen Auffassung, nimmt die Anklagebehörde eine von der Vertheidigung qualitativ ver-

1) Die vorstehenden Ausführungen konnten, da das Manuskript am 1. Mai d. J. an den Verleger abgeliefert wurde, auf die letzthin über die Strafrechtspflege in Preußen gepflogenen Landtagsverhandlungen keine Rücksicht nehmen.

schiedene, dem Richter gleichstehende Amtsstellung ein — eine Vorstellung, die sich darauf gründet: daß der Staatsanwalt Vertreter der Regierung und folglich etwas von der Vertretung des Angeklagten verschiedenes sei; daß er kein eigenes persönliches Interesse an der Bestrafung habe, während der Vertheidiger durch specifisch verschiedene Motive geleitet werde. Der zweite deutsche Juristentag in Dresden hat zwar im wesentlichen die Gleichstellung der Staatsanwaltschaft und der Vertheidigung während der mündlichen Verhandlung als nothwendig und gerecht bezeichnet, dagegen sich dennoch im Großen und Ganzen der französischen Grundanschauung zugewendet und angenommen, daß der Staatsanwalt eine halbrichterliche Aufgabe der unparteiischen Gerechtigkeit zu erfüllen habe. Gegen diese Ansicht habe ich mich in meiner Broschüre eingehend ausgesprochen, um darzuthun, daß die Staatsanwaltschaft nach dem ihr inne wohnenden Charakter eine Prozeßpartei sei.

Ohne meine Ausführungen zu wiederholen, berühre ich hier noch einmal die ungemein wichtige Principienfrage, um dann die Folgerungen zu ziehen für die Beziehungen zwischen der Staatsanwaltschaft und der Vertheidigung.

Die Staatsanwaltschaft ist Prozeß- und Anklagepartei. Allerdings verfolgt sie kein Vermögensinteresse in ihrer eigenen Person; sie vertritt Rechte, über welche sie einseitig nicht verfügen kann, wenn sie der Entscheidung des Gerichtshofes zur Prüfung unterbreitet worden sind. Alles dies hindert aber nicht, unter Anerkennung der zwischen Straf- und Civilverfahren obwaltenden Grundverschiedenheiten, sich dessen bewußt zu werden, daß die Staatsanwaltschaft wesentlich einseitige Zwecke mit einseitigen Mitteln verfolgt und darum mit der Prozeßthätigkeit des Richters nicht gleichgestellt werden kann. Staatsanwaltschaftliches und richterliches Amt sind wesentlich verschieden, Anklage und Vertheidigung in ihrem beiderseitigen Verhältniß zum Richter gleichgeartet; es besteht in der Hauptuntersuchung dieselbe Proportion zwischen ihnen.

So lange ein bestimmtes, gegenständlich fixirtes Strafverfahren nicht vorhanden ist, zeigt sich gewiß sehr klar die Verschiedenartigkeit des staatsanwaltschaftlichen Berufs von demjenigen der Advocatur. Man vergleiche nur nicht den Staatsanwalt in den Vorbereitungsstadien eines möglichen Strafprozesses mit einem Vertheidiger, der — noch gar nicht existirt. Mit der Ermittelung, Erforschung und vorläufigen Feststellung begangener Verbrechen beauftragt, verfügt die ständige Anklagebehörde Namens des Staates über zahlreiche Machtmittel, deren Gebrauch auf den einen Zweck hinzielt: Verbrechen zur Untersuchung und zur Bestrafung vor dem Richter zu bringen. Daß für diesen Berufskreis die Staatsanwaltschaft weder mit dem Richter, noch mit anderen Personen, die ein entgegengesetztes Interesse haben, verglichen werden kann, liegt auf der Hand. Selbst wenn die Vertheidigung, wie allerdings nothwendig und vom Juristentage anerkannt ist, während der Voruntersuchung zugelassen wird, kann von einer Abmessung ihrer Funktionen gegen diejenigen der Staatsanwaltschaft noch keine Rede sein. Denn der Zweck der Voruntersuchung ist: gerichtlich zu ermitteln, ob Grund zu einer Anklage (und folglich auch zur Vertheidigung) einer bestimmten Person vorliegt. In diese Ermittelungen, deren Werth ein durchaus einseitiger im Interesse der Anklägerschaft ist, kann die Vertheidigung begriffsmäßig nicht eingreifen wollen; sie hat vielmehr nur die Aufgabe darauf zu sehen, daß den möglichen Ansprüchen des Staates nicht wirkliche Rechte eines vorläufig Beschuldigten aufgeopfert werden, daß eine zu lange Untersuchung die persönlichen Lebensverhältnisse desselben nicht störe, daß formell ordnungsmäßig verfahren werde, und wirklich präjudicielle Beweisaufnahmen der Voruntersuchung, wie richterlicher Augenschein, beweiskräftige Vereidigung von Zeugen zum Zwecke der späteren Verlesung in der mündlichen Verhandlung in unparteiischer Weise vor sich gehen. Die Vertheidigung ist somit gleichsam eine der Cautionen gegen die Rechtsnachtheile, welche die Voruntersuchung späterhin für den Beschuldigten zur Folge haben kann; keineswegs aber eine gleichberechtigte Abwehr gegen Ermittlungsakte oder eine Gegenüberstellung gegen die noch unbestimmten Anklagerechte.

Aber indem wir nach der Tendenz der Voruntersuchung das entschiedene Uebergewicht der Anklagebehörden auf den Gang und den Gegenstand der vorzunehmenden Ermittelungen einräumen, sehen wir doch schon in der bloßen Existenz einer richterlichen Untersuchungsbehörde den prozessualischen Parteicharakter der Staatsanwaltschaft constatirt. Wäre diese wirklich das Organ der unparteiischen Gerechtigkeit, wäre sie zur objektiv richtigen Würdigung aller Rechtsverhältnisse befähigt, so müßte man ihr auch die Voruntersuchung anvertrauen. Ueber die Rechte des Angeschuldigten wird definitiv nichts entschieden. Warum also verhindern, daß die Staatsanwaltschaft alle vorläufigen Ermittlungsakte, Zeugenverhöre, Verhaftungen u. s. w. selbst unter gesetzlicher Verantwortlichkeit vornehme? Warum begnügt man sich nicht damit, daß dem Beschuldigten gegen etwaige Beeinträchtigungen durch die Staatsanwaltschaft ein Berufungsrecht an die Gerichte gegeben werde? Weil man ganz allgemein den tiefen Unterschied zwischen dem richterlichen Amt und der Anklagebehörde herausfühlt, weil wir uns schon in der Voruntersuchung des Parteicharakters der Staatsanwaltschaft bewußt werden und von ihr nicht erwarten, daß sie sich von einer einseitigen Würdigung der thatsächlichen und rechtlichen Momente gegenüber dem Beschuldigten freimachen könne.

Man beruhigt sich also praktisch doch nicht bei dem auch in den neuen preußischen Entwurf übergegangenen Satz: daß die Staatsanwaltschaft nicht nur für die Bestrafung der Schuldigen, sondern auch dafür sorgen solle, daß kein Unschuldiger verfolgt werde. Gerade diese Anforderung an die Staatsanwaltschaft hat unendlich viel zur Verwirrung der Urtheile, zur Trübung der juristischen Denkweise in Deutschland beigetragen. Sie ist und klingt sehr ideal; nur Schade, daß der thatsächlich in den Verhältnissen liegende Widerspruch gegen die Möglichkeit, daß dieser Anforderung allgemein genügt werde, schon in der Voruntersuchung hervortritt. In Frankreich war die Bestimmung, daß der Staatsanwaltschaft auch der Schutz der Unschuldigen obliege, gemeint: als Ausdruck der Justizaufsichtsrechte über die Gerichte (wogegen sich auch Schwarze Gerichtssaal a. a. O. erklärt), als eine Machterweiterung der Anklage gegenüber den Geschwornen, in deren Vorstellung wo möglich Anklage und Gerechtigkeit von vornherein identificirt scheinen sollten, als eine im Voraus beabsichtigte Abschwächung der Vertheidigungsmomente, welche — wenn sie wahr wären — nach jenem französischen Gedankengange ja bereits von der Staatsanwaltschaft berücksichtigt sein würden, folglich soweit dies nicht der Fall ist, die Präsumtion der Sophistik oder Unkenntniß gegen sich haben sollen.

Wenn jener Satz, daß die Staatsanwaltschaft darüber wachen soll, daß kein Unschuldiger bestraft werde, jener Satz, den man als Grundprincip ihrer Stellung verehrt, gleichbedeutend ist mit der Fürsorge, daß die Staatsanwaltschaft ihrerseits nichts beitrage zur Bestrafung Unschuldiger, keine Anklage erhebe ohne die Ueberzeugung von der Wahrheit derselben, alle Umstände für und wider sorgfältig erwäge, so hat er eine sehr geringe Bedeutung. Theils ist er identisch mit sittlichen Anforderungen, theils liegt er bereits ausgedrückt in den Strafbestimmungen gegen wissentlich falsche Anklage. Es wäre vielleicht der Erwägung werth, ob nicht auch fahrlässig, ohne hinreichende Prüfung vorgenommene Anklagen einer Bestrafung oder einer Rüge durch das urtheilfällende Gericht zweckmäßig zu unterwerfen und nach dieser Seite eine Erweiterung unserer Strafgesetzgebungen zu rechtfertigen wäre. Alles dies hat indessen gar keine Beziehung zu dem Parteicharakter der Staatsanwaltschaft, und würde denselben durchaus nicht berühren.

Seien wir also klar, indem wir aussprechen: die ständige Anklagebehörde ist dazu bestimmt, Verbrechen zu ermitteln und deren Bestrafung bei den geordneten Gerichten Namens der verletzten Staatsordnung zu betreiben. Alle andern Zweckbestimmungen können diese Auffassung nur verdunkeln. Gegen wen soll denn die französische Staatsanwaltschaft die Aufgabe des Schutzengels übernehmen? Gegen sich selbst? In diesem Falle bedarf es nur einer Unterlassung einer vielleicht vorhandenen Neigung zum schnellen Einschreiten. Gegen die Organe der gerichtlichen Polizei? Dann würde die Anklage gegen die zuwiderhandelnden, die Privatrechte verletzenden Polizeibeamten wiederum das Mittel der Intervention sein. Oder gegen die Verbrechen anderer Privatpersonen? Auch hier wäre Anklage gegen den einen gleichzeitig der Schutz für den anderen. Oder endlich gegen die Gerichte? Darauf scheint es wirklich ursprünglich abgesehen worden zu sein, daß die Schutzpflicht der Staatsanwaltschaft in Beziehung auf Unschuldige ihr eigentliches Objekt an der Thätigkeit der Gerichtsbehörden finden sollte. Hat die Staatsanwaltschaft einmal eine Anklage erhoben, von deren Ungrund sich dieselbe nachträglich überzeugt, so genügt es vollkommen, daß sie ihre eigenen Anträge zurückzieht oder die Freisprechung anheimstellt. Nur darf man sich darum nicht, wenn dies geschieht, zu der Vorstellung verleiten lassen, daß hier eine schützende Amtsthätigkeit vorliegt, wo die Folgen des eigenen Einschreitens rückgängig gemacht werden sollen oder ein Verzicht auf einen als unbegründet erkannten Anspruch vorliegt. Ist etwa darum der Vertheidiger zu einem Ankläger geworden, wenn er die Schuld seines Clienten klar erkennend, dessen Verurtheilung dem Gerichtshofe anheimstellt und um ein thunlichst geringes Strafmaß bittet?

Man vertraue darauf, daß ordentlich besetzte Gerichtshöfe und eine zu gebührender Ehre kommende Vertheidigung die natürlichen Schutzwehren der Angeklagten sind. Erweisen sich diese als unzulänglich in einzelnen Fällen, so suche man nach anderweitigen Mitteln der Abhülfe, an denen es sicherlich nicht gebricht, ohne der Staatsanwaltschaft eine Aufgabe zu stellen, deren Lösung außerhalb ihrer Sphäre liegt. Jene Berufung auf die Verpflichtung, Unschuldige *gegen Gericht und*

Vertheidigung zu schützen, führt nur zu Begriffsverirrungen, kann sehr leicht zu einem Deckmantel werden für ein mehr scheinbares, als wirkliches Wohlwollen und vermindert überdies das Gefühl der Verantwortlichkeit in den Richtercollegien, die sich damit trösten, daß die Anklagen nicht nur Wahrnehmung öffentlicher Interessen, sondern auch persönliches Wohlwollen gegen den Beschuldigten athmen und darum einer weniger strengen Prüfung bedürftig sein könnten.

Es mag vorgekommen sein und zuweilen noch vorkommen, daß die Staatsanwaltschaft gegen die Verurtheilung eines Angeklagten dann und wann Rechtsmittel gebraucht, um in einer höheren Instanz eine Freisprechung zu erwirken, auf welche weder der Angeklagte selbst, noch der etwa vorhandene Vertheidiger zu hoffen wagte. Jedenfalls wird man zugeben, daß dies so seltene Ausnahmefälle sind, daß man darauf hin ein Princip nicht begründen, die wahre und einseitige Natur des Anklägeramtes nicht umgestalten kann. Wenn wirklich Jemand gegen den Antrag der Staatsanwaltschaft verurtheilt wird, so ist dies sicherlich der stärkste Anreiz für den Verurtheilten selbst, kein Rechtsmittel unversucht zu lassen.

Gegen die Parteistellung der Staatsanwaltschaft im Strafprozesse läßt sich auch nicht einwenden, daß der Staat überhaupt seinem rechtlichen Wesen nach nicht Partei sein könne. Ebensowohl wie der Staat im Civilprozesse als Fiscus Partei ist, ohne daß der Prozeßvertreter auf die Rechte, die er wahrnimmt, Verzicht leisten darf aus eigenem Ermessen; ebenso erscheint der Staat als Partei im Strafprozesse, solange der Anspruch auf Strafe noch ungewiß ist und nur in der Meinung der Anklagebehörden existirt. Das persönliche Verhältniß der Rechtsuchenden zum Prozeßgegenstande, bestimmt, solange die Sache schwebt, die Parteistellung. Im allgemein politischen Sinne ist die Staatsgewalt auch keine Partei; aber die Organe der Staatsgewalt, die Regierung und deren Anhänger werden mit den Eigenschaften einer politischen Partei bekleidet, soweit als es sich um Vorbereitung oder Durchführung allgemeiner Maßregeln durch die dem politischen Leben dienenden Mittel der öffentlichen Meinungsbildung handelt. Begriffsmäßig darf nicht einmal die politische Partei den eigenen Vortheil im Gegensatze zum Gesammtwohl erstreben; der Unterschied zwischen den verschiedenen Parteien liegt nur in der Auffassung dessen, was dem Staatsnutzen entspricht oder der Mittel, mit denen darauf hin gewirkt werden soll.

Es ist also, meiner Ansicht nach, Willkür, wenn man unter Construktion eines rein civilprozessualischen Parteibegriffes die Anwendbarkeit der Parteistellung auf die Funktionen der Staatsanwaltschaft wegleugnen will.

Jahrhunderte hindurch war die Vertheidigung im Strafprozesse auf das äußerste verkümmert und verkrüppelt. Einer Untersuchungsführung, die auf Geständniß hinarbeitete, gleichzeitig aber auch an einer objektiven Beweistheorie dem Unschuldigen *ihrer Meinung nach* die besten Garantien gewährte, erschien die Vertheidigung bald als hinderlich für die Zwecke des Strafverfahrens, bald als gefährlich für das Geheimniß, mit dem man sich umgab. Doch ist nimmer zu vergessen, daß die Zurücksetzung der Vertheidigung im Inquisitionsprozesse nur ihren Grund hatte in der rechtlich überwiegenden Autoritätsstellung des Richters.

Warum nun heutzutage die Vertheidigung auch der *Anklagebehörde* nachstehen soll hinsichtlich ihrer Berechtigung während der mündlichen Verhandlung, vermag ich meinerseits nur zu begreifen, wenn man ohne Rücksicht auf das Wesen des Prozeßganges aus dem äußeren Umstande, daß der Staatsanwalt von der Regierung ständig besoldet wird, einen Anspruch auf ein Privilegium herleitet. Diejenigen, welche die Zurücksetzung der Vertheidigung als angemessen betrachten, gehen immer von der irrigen Grundanschauung aus, daß die *ständige* Anklage dauernde Interessen des Staates, die nicht ständige Vertheidigung vorübergehende persönliche Interessen des Angeklagten vertrete, daß jene allgemeine Zwecke, diese aber egoistische Anforderungen wahrnehme. Noch immer wirkt in richterlichen Kreisen das Mißtrauen vergangener Zeiten gegen die Vertheidigung, als ob diese wesentlich darauf bedacht sei, den Rechtsgang zu hemmen und zu verwickeln, die schleunige Genugthuungsforderung gegen den Verbrecher zu erschweren. Man vergißt auch heute noch nur zu gerne, daß die Vertheidigung des Angeklagten in demselben Maße höchste Staatsinteressen vertritt, wie die Anklage, daß zwischen beiden Thätigkeiten nur die Art des Wirkens eine verschiedene, das Ziel aber ein gemeinsames ist: wahrheitsgemäße Rechtsentscheidung auf Grund unparteiischer Untersuchung!

Wenn die persönlichen Gefühle der Vertheidigung *durchschnittlich* anders beschaffen erscheinen, als diejenigen der Staatsbehörde, in der wir uns ruhigen, verständigen, nüchternen Gleichmuth bei der Behandlung der einzelnen Sache als wünschenswerthe Regel denken, wenn die Vertheidigung der Stimme des Mitgefühls bei ihren Vorträgen Ausdruck leiht oder die Härte des Gesetzes bei der Anwendung auf den einzelnen Fall rügt — ergiebt sich daraus irgend etwas für das Maß der beiderseitigen Berechtigung im Strafprozeß oder gar für eine Verschiedenheit derselben? Der Staatsanwalt gleicht oft dem Arzte, der täglich die Säle eines großen Krankenhauses durchschreitet und die Personen der Patienten mit gleichgültigerem Auge betrachtet, weil seine Empfindungen nach und nach abgehärtet werden müssen, der Vertheidiger dem Krankenpfleger, den die Person des einzelnen Kranken zur Sorgsamkeit aufruft, den sein Gemüth antreibt, den das warme Mitgefühl mit den Leiden des Einzelnen durchdringt. Wenn die Vertheidigung sich bemüht, die Anwendung eines als ungerecht empfundenen Gesetzes durch lebendige Parteinahme für die Person des Schuldigen zu hemmen, so gehorcht sie damit dem Fortbildungstriebe des Rechtsgefühls. Wie verschieden also immer dieser Standpunkt von demjenigen des Richters ist, der unbekümmert um die Folgen den Dienst des Gesetzes vollzieht, wie sehr er immer abweiche von demjenigen der Anklagebehörde: es sind doch die größten und heiligsten Staatsinteressen, welche die Vertheidigung zu erfüllen hat.

XI.

Seiner unendlichen Machtüberlegenheit bewußt, giebt der Staat dem Angeklagten Vorzugsrechte, in dem Erforderniß höherer Stimmenmehrheit bei der Verurtheilung, in der Freisprechung bei Gleichheit der Stimmen, in der größeren Berechtigung der Recusationen, in dem Gebrauch der Rechtsmittel, in der Befugniß des letzten Wortes — und er sollte es vermögen, die Gleichstellung zwischen der Vertheidigung und der Anklage abzuweisen, jenes natürliche Grundrecht, ohne welches wir die Gerechtigkeit der Urtheilsfällung als unverbürgt betrachten? Ueberall schimmert der Gedanke hindurch, daß die Verurtheilung eines Unschuldigen ein bei weitem größeres Unheil und Unrecht ist, als die Freisprechung eines Schuldigen. Die Staatsordnung besteht in ihrer Majestät unangefochten, wenn einzelne Verbrecher unentdeckt bleiben, wenn der Richter einer fehlerhaften Freisprechung sich schuldig macht, wofern nur in der Einleitung des Strafprozesses selbst der Wille der Rechtsbethätigung ausgesprochen wurde; die ungerechte Strafe aber, welche der Einzelne leidet, erscheint als ein durch die Organe des Rechtes selbst bewirktes Unrecht und darum nicht blos vom Standpunkt der Humanität aus, sondern wegen der an den Staat zu stellenden Forderungen als unendlich schwerer. Es ist besser, daß der Staat zu seinem Nachtheil im Strafprozesse als auf Kosten der einzelnen staatsbürgerlichen Rechte irre, wenn er überhaupt irrt. Jedes ungerechte Strafurtheil wird als eine Störung der gesellschaftlichen Sicherheit empfunden, zu deren Pflege die Strafjustiz mitzuwirken hat. Selbst wenn die Gleichstellung der Vertheidigung mit der Staatsanwaltschaft, was wir durchaus bezweifeln, den Procentsatz der unrichtigen Freisprechungen zu erhöhen vermöchte, so wäre dieses Mehr doch nur eine Assecuranzprämie, die die Gesammtheit zur Abwendung größerer Rechtsverluste aufwendet; ein Aequivalent für das allgemeinere Vertrauen in die Strafrechtspflege, eine erhöhte Gewißheit unparteiischer Prüfung. Was die Vertheidigung für die Erkenntniß der Wahrheit im Prozesse zu leisten vermag, zeigt insbesondere ein oberflächlicher Rückblick auf den großen Polenprozeß des vergangenen Jahres. Wer die frühere Rechtsprechung des Staatsgerichtshofes in politischen Anklagesachen genau beobachtet und die Ausführungen der Staatsanwaltschaft aufmerksam verfolgt, kann sich nicht des Gedankens erwehren: Welches würde das Schicksal der Angeklagten gewesen sein — wenn ihnen nicht eine eminent rechtsverständige, aus den hervorragendsten Rathgebern gebildete Vertheidigung zur Seite gestanden hätte? Gerade dieser Prozeß zeigt, wie unthunlich die Gleichstellung der Anklagebehörde mit dem richterlichen Amt ist, wie wesentlich verschieden die Funktionen der beim Strafprozeß mitwirkenden Organe ist. Eine Indication für die Gleichberechtigung der Vertheidigung erblicken wir auch in dem Gedanken, der der nothwendigen Vertheidigung im Strafprozesse zu Grunde liegt. In meiner früher erschienenen Schrift über die Reform der Staatsanwaltschaft erlaubte ich mir die Frage:

Entweder die Objektivität des Staatsanwalts befähigt diesen vollkommen, darüber zu wachen, daß kein Unschuldiger bestraft werde: wozu dann die bei Strafe der Nichtigkeit anzuordnende Vertheidigung schwerer Verbrechen von Amts wegen?

Oder die Vertheidigung erscheint als ein ebenso nothwendiger Faktor zur Herbeiführung unparteiischer Würdigung wie die Anklage: wie ist es dann möglich, die völlige Gleichberechtigung der Vertheidigung mit der Staatsanwaltschaft abzulehnen?

Schwarze hat dieser Fragestellung nur eine größtentheils ausweichende Antwort entgegengesetzt. Während wir meinten, daß der Staat durch die nothwendige Vertheidigung sein Gewissen beruhige und den möglichen Uebereilungen des Richters und der Staatsanwaltschaft entgegenzuwirken suche, meint Schwarze: daß in der Zuziehung und Mitwirkung des Vertheidigers die bürgerliche Gesellschaft „eine Beruhigung erblicke“, wie sie zugleich dem Angeklagten eine solche gewähre (Gerichtssaal a. a. O. 451).

Es scheint also, als ob Schwarze, wenn wir einen profanen Ausdruck wählen dürfen, in der nothwendigen Vertheidigung eine Art von strafprozessualischen Kamillenthee sieht, welcher ängstlichen Personen zu ihrer Beruhigung verabreicht wird — eine unschädliche Concession, welche der ungläubige Arzt den psychischen Bedürfnissen derjenigen macht, welche an die wirkliche Heilkraft dieses Hausmittels glauben. Schwarze umgeht damit unsere Frage, weil er an einer wesentlichen Verschiedenheit der Rechtsstellung der Staatsanwaltschaft und der Vertheidigung zum Richteramte festhält. Außerdem erinnert Schwarze daran, daß nur bei den schwersten Verbrechens- oder Schwurgerichtsfällen, nicht aber bei allen Vergehensfällen überhaupt von nothwendiger Vertheidigung die Rede sei. Wenn dies auch richtig ist, so läßt sich daraus durchaus nichts für die Stellung des Vertheidigers folgern. Seine Aufgabe ist überall die gleiche, wo er an den Schranken des Gerichtshofes erscheint. Sicherlich ist es wünschenswerth, daß in allen Criminalfällen ohne Unterschied dem Angeklagten ein Vertheidiger zur Seite steht; nur praktische Schwierigkeiten stehen dem im Wege, daß die Gesetzgebung von Amtswegen in allen Fällen für dessen Bestellung sorge. Es ist aber daran zu erinnern, daß zur Herbeiführung einer gerechten Entscheidung der Kreis der zur Vertheidigung Befähigten thunlichst erweitert werde; in allen thatsächlich oder rechtlich verwickelten Fällen sollte überdies der Richter für die Zuordnung von Vertheidigern Sorge tragen. In welcher Weise die Lösung dieser Aufgabe erleichtert werden kann, liegt außerhalb der Grenzen dieser Untersuchung; doch mag hier im Vorbeigehen auf das Beispiel des Londoner Rechtsschutzvereins hingewiesen werden. Freiwillige Unterstützung von Angeklagten durch Geldmittel zum Zwecke der Vertheidigung ist eine ebenso wichtige und verdienstliche Angelegenheit, wie die Wohlthätigkeit auf anderen Gebieten. Wo alle Mittel nicht ausreichen, um jedem Angeklagten ohne Unterschied einen Rechtsbeistand zu gewähren, da ist sicherlich der Richter zunächst verpflichtet, doppelte Vorsicht anzuwenden bei der Abwägung der Belastungs- und Entlastungsmomente.

Bei der gegenwärtigen Lage der preußischen Gesetzesauslegung ist noch weniger Grund als anderswo vorhanden, den Rechtsanwalten den gleichen Rang mit der Staatsanwaltschaft vorzuenthalten. Der höchste Disciplinargerichtshof hat neuerdings aus einem besondern Anlaß auch der Advokatur eine büreaukratische Abhängigkeit von den Justizaufsichtsbehörden zuerkannt, eine Abhängigkeit, die auch gestatten würde, gegen etwaige Ausschreitungen der Vertheidigung regulirend einzugreifen. Freilich betrachte ich diese Auffassung als eine juristisch anzuzweifelnde und gesetzpolitisch höchst bedenkliche. Diejenigen aber, die im Stillen geneigt sind, die Advokatur mit Argwohn zu betrachten oder ihr die Absicht beimessen, in Criminalsachen eigensinnig Partei zu ergreifen für die Straflosigkeit klar bewiesener Verbrechen, können sich bei dieser neuen Art der Verantwortlichkeit beruhigen.

Wir wiederholen, was wir bereits ausgesprochen, daß in der coordinirten, Anklägerschaft und Schutz Unschuldiger vermischenden Stellung der Staatsanwaltschaft viel häufiger eine Gefahr, als ein Nutzen für den Angeklagten liegt. Wenn man ehemals die Vermischung der Funktionen im Untersuchungsrichter für unzulässig und dem Beschuldigten nachtheilig hielt, so muß das noch viel mehr bei der wesentlich einseitigen und vorwiegend strafverfolgenden Thätigkeit berücksichtigt werden. Nur wenn eine Verurtheilung von vornherein wahrscheinlich ist, schreitet die Staatsanwaltschaft gegen gewisse Personen ein, nicht aber auf ganz ungenügende Verdachtgründe. Unter diesem Eindrucke der wahrscheinlichen Verurtheilung und einer in ihren Augen ausreichenden Belastung handelt die Staatsanwaltschaft. Nicht in dem Streben, Jemand zu rechtfertigen, sondern in der Aussicht, Jemand eines Verbrechens zu überführen liegt der Impuls ihrer gerichtlichen Thätigkeit. Wenn sie vor förmlicher Einleitung der Anklage einzelne Entschuldigungsmomente außer Augen ließ, so wird sie auch im öffentlichen Verfahren und in der mündlichen Verhandlung hinterher dasjenige nicht nachdrücklich genug hervorheben, was sie vielleicht früher sehen konnte, aber nicht sah. Weil die Anklage von der Wahrscheinlichkeit der Schuld einer bestimmten Person getragen wird, vermag sie nicht dem Entschuldigungsbeweis so gerecht zu werden, wie der Richter, der an dem vorangegangenen Ermittlungsverfahren geistig unbetheiligt ist. Indem wir dies aussprechen, sind wir nicht gemeint, der Staatsanwaltschaft einen Vorwurf zu machen. Im Gegentheil liegt uns daran, derselben in der Anerkennung einer strafprozessualischen Parteistellung eine natürlichere und freiere Stellung zu ihrem Berufe, einen Schutz gegen zu weit getriebene Anforderungen und die Quellen des Mißtrauens zu verschaffen. Schwarze scheint in der Parteistellung der Staatsanwaltschaft eine gewisse Degradation zu erblicken, sollte aber nicht vergessen, daß englische Ankläger, wenn anders dieselben eine gesellschaftlich angesehene Stellung als Advokaten einnehmen, in keiner Weise an Achtung verlieren, wenn sie mit der klaren Aufgabe der Criminalprozeßpartei vor den Gerichten erscheinen. Man stelle sich nur unter der Parteithätigkeit nicht blinden Fanatismus, Verfolgungssucht, Feindschaft oder persönliches, der Wahrheit zuwiderlaufendes Interesse vor.

Am besten wird immer diejenige Anklagebehörde wirken, welche die für die Unschuld eines Verdächtigen sprechenden Umstände vor der Anklageerhebung prüft und mit einem reiflich erwogenen Ueberführungsmaterial vor Gericht erscheint, die Resultate der Beweisaufnahme richtig abschätzt und ihre Zwecke nicht weiter verfolgt, als Klugheit und Moral gebieten. Es gehört zu den schwierigsten Aufgaben, das Amt des Anklägers in öffentlichen Ehren zu erhalten. In Frankreich weiß man sehr gut, daß jene ideale Gesetzeswächterschaft des ministère public, weit davon entfernt, für die Aufnahme des Entlastungsbeweises oder die dem Angeklagten günstige Gesetzesauslegung Sorge zu tragen, in allen das politische Interesse der Regierung berührenden Fragen über die Grenzen der einseitigen Verfolgung hinausging, welche der seiner Parteiaufgabe bewußte Ankläger Englands nicht überschreiten würde. Aus der Vermischung der Funktionen in der Staatsanwaltschaft ergiebt sich nicht nur ein ganz verkehrter Eindruck auf die Vorstellungen der Geschwornen, sondern auch eine Beeinträchtigung für die Energie der Vertheidigung. Wenn der Beistand des Angeklagten dem Verfahren der Staatsanwaltschaft den Vorwurf zu weit getriebener Verfolgungsakte, eigenwilliger Verkennung vorhandener Entschuldigungs- oder Strafmilderungsgründe entgegenzusetzen hat, wird sich dann nicht sehr leicht der Gesichtspunkt hervorkehren lassen, daß die Staatsanwaltschaft mit Beziehung auf ihren Beruf, auch für den Schutz der Angeklagten zu sorgen, beleidigt worden sei?

Um dies anschaulich zu machen, erinnern wir an den Fall des Advokaten Olivier, den Mittermaier (Allg. deutsche Strafrechtsztg. 1861. S. 20) ausführlich besprochen hat. Olivier hatte den Verfasser der bekannten Schrift de la démocratie, Herrn Vacherot vor dem Zuchtpolizei-Gerichte zu Paris 1859 zu vertheidigen. Der Staatsanwalt sagte zur Begründung seiner Anklage:

„Der Verfasser ist ein Mensch, der der unverbesserlichen Partei angehört, die nur auf Ruin und Zerstörung sinnt; er ist ein verkappter Communist, er gehört einer Partei an, in welcher sich Menschen begegnen, die einen doppelten Eid leisten, und die mit der Absicht, ihn zu brechen, schwören;"

worauf Olivier entgegnete: „Der Staatsanwalt hat eine Appellation an die aufregendsten Leidenschaften gemacht und dies ist schlimm!" Als der verlangte Widerruf verweigert und der Vertheidigung sogar das Ersuchen, sich über den Sinn ihrer Aeußerung näher erklären zu dürfen, abgeschlagen war, traf Olivier eine Suspension von der Advokatur auf drei Monate.

Ich könnte andere ähnliche Fälle aus der französischen und preußischen Praxis anführen; Fälle, in denen eine Kritik des staatsanwaltschaftlichen Verhaltens zurückgewiesen oder gerügt wurde, während umgekehrt die heftigsten Angriffe des Staatsanwalts auf den persönlichen Charakter des Angeklagten ungehindert von Statten gingen. Alle diese Vorkommnisse sind auf die unklare Abgränzung der staatsanwaltschaftlichen Amtsbefugnisse zurückzuführen.

Im wesentlichen hat glücklicherweise der Dresdener Juristentag für die materielle Gleichheit der Rechte der Vertheidiger mit denjenigen der Staatsanwaltschaft Sorge getragen, beiden Theilen das gleiche Fragerecht gegenüber den Zeugen, den gleichen Anspruch auf Beschaffung der angetragenen Beweismittel, die gleiche Unterordnung unter die Gerichtspolizei des vorsitzenden Richters zuerkannt. Nur täusche man sich nicht über die Bedeutung der grundsätzlichen Frage, ob die Staatsanwaltschaft Incognito-Vertheidiger sein, oder die strafprozessualische Stellung einer wirklichen Anklagepartei einnehmen soll. Erst wenn diese letztere Alternative bejahend entschieden wird, ist die Basis einer dem Erfolge nach durchgreifenden Gleichstellung mit der Vertheidigung im mündlichen Verfahren gegeben, das moralische Ansehen der Prozeßgegner auf dieselbe Stufe der Geltung erheben. Daß dadurch auch der materielle Werth der Vertheidigung gewinnen wird, ist eine Erwartung, die in dem Vorbilde Englands ihre Rechtfertigung findet. Wir wissen mit Bestimmtheit, daß zuweilen angesehene Advokaten in Preußen sich deswegen sehr schwer zur Uebernahme von Vertheidigungen bereit finden ließen, weil die Prärogativen der Staatsanwaltschaft ihnen Abneigung einflößten.

XII.

Der öffentlichen Meinung erscheint schon gegenwärtig die Staatsanwaltschaft wesentlich als eine Anklagepartei. Nicht nur die gesetzlich zulässige Berufung auf das öffentliche Interesse bei den Strafanträgen, oder die unterlassene Verfolgung in solchen Fällen, in denen die allgemeine Stimme der Laien strafbare Ausschreitungen zu erkennen glaubt, sondern auch die Stellung der Staatsanwaltschaft zum Richteramt trägt zur Bildung jener Ansicht das ihrige bei. Je lebendiger das Bewußtsein von der besonderen Aufgabe des Richteramtes sich im Volke bethätigt, je mehr man die grundsätzliche Verschiedenheit in dem Berufe der Staatsanwaltschaft herausfühlt, desto stärker ist die Neigung, Gegensätze zu betonen zwischen dieser und den Gerichten. Ich selbst bin der Ansicht, daß diese Entgegenstellung bei vielen preußischen Gerichtshöfen und der Staatsanwaltschaft keine große Berechtigung hat und daß die Auslegungsregeln zwischen beiden Organen der Strafrechtspflege nicht wesentlich verschiedene sind. Vielleicht hat man Unrecht, daß man bei mißbilligenden Kritiken gerichtlicher Entscheidungen, die als zu ausgedehnte, dem allgemeinen Rechtsbewußtsein unverständliche Anwendungen des Strafrechtes erscheinen, der Staatsanwaltschaft den entscheidenden Einfluß beimißt. Nichtsdestoweniger darf man sich nicht verhehlen, daß zwischen Anklagebehörden und Justiz in ihrem beiderseitigen Verhältnisse zum Schutze der staatsbürgerlichen Grundrechte durch das allgemeine Zeitbewußtsein ein Unterschied mit derselben Schärfe gezogen wird, wie zwischen Gerichten und Verwaltungsbehörden.

Ist es wirklich wahr, daß der Staatsanwalt an der Entscheidung des einzelnen Criminalfalles kein vom Richter irgendwie verschiedenes Interesse hat? Bei gewöhnlichen Diebstahls- und Betrugsverbrechen mag eine Differenz nicht hervortreten; bei zahlreichen anderen Vergehen aber, die eine Beziehung zum öffentlichen Leben in sich tragen, würde eine größere Antheilnahme der Staatsanwaltschaft an dem Ausgange der Untersuchung schon durch die Organisationsverhältnisse, von denen bereits die Rede war, nahe genug gelegt sein.

Das specifische Amtsinteresse, welches die Staatsanwaltschaft an der Entscheidung auch einzelner Fälle haben kann, liegt in verschiedenen Umständen begründet. In meiner früheren Schrift (S. 21) behauptete ich, die Staatsanwaltschaft sei durch die Erhebung der Anklage persönlich engagirt für die thunlichst thatkräftigste Durchführung derselben, darum auch wenig befähigt, Entschuldigungsbeweise nach Gebühr zu würdigen, woraus sich erkläre, daß (gegenwärtig) auf Seiten der Staatsanwaltschaft in der Regel ein höheres Maß von Subjectivität und Einseitigkeit anzutreffen sei, als bei der Vertheidigung.

Es scheint, als ob wir auch in dieser Beziehung mißverstanden sind; wenigstens versucht Schwarze unsere Ausführungen als thatsächlich unerwiesen hinzustellen.

Zunächst ist klar, daß die Staatsanwaltschaft in ihrer gleichzeitigen Stellung als Justizaufsichtsbehörde ein viel größeres Amtsinteresse an der Berücksichtigung ihrer Anträge im Strafprozeß durch den Richter nimmt, als der Vertheidiger.

Schwarze spricht sogar (Gerichtssaal a. a. O. S. 458) denselben Grundgedanken mit Beziehung auf die französische Staatsanwaltschaft aus, deren deutsche Nachahmungen uns zunächst bei unserer ersten Schrift vorschwebten. Er sagt:

„Eine derartige Stellung (wie in Frankreich) hat auch nachtheiligen Einfluß auf den Staatsanwalt. Sie erweckt leicht in ihm den Glauben an seine Unfehlbarkeit, erschwert ihm die ruhige Erwägung der Ansichten Anderer und verstimmt ihn bei abfälligen Entscheidungen des Gerichts. Solche Verstimmungen sind höchst gefährliche Feinde für eine unparteiische und vorurtheilsfreie Behandlung der Anklage und verführen zu eine Haltung, welche mit dem Schein der Gereiztheit die nöthige Ruhe vermissen und den Angeklagten in dem Staatsanwalt seinen Feind und nur den Feind erblicken läßt. Die Ueberzeugung von der Richtigkeit seiner Ansicht verführt ihn bei solcher Stellung zu schiefen Beurtheilungen der Richter wie hiermit auch zu parteiischen Berichten, ohne daß sein Irrthum zu seiner Erkenntniß gelangt; sonach ihm noch die Täuschung strenger Pflichterfüllung bereitet.“

Ein so helles Colorit, wie diese Worte enthalten, hatten wir selbst unseren von Schwarze angefochtenen Ausführungen gar nicht gegeben. Es fragt sich nur, ob diese Gefahren und Befürchtungen lediglich in den Justizaufsichtsgeschäften der Staatsanwaltschaft Wurzel schlagen, oder ob nicht auch die Vermischung des Anklageberufes mit der Stellung anderer Prozeßorgane jene Bedenken entstehen läßt.

Die Erwartungen, welche der Staatsanwalt an den Ausgang der von ihm angebrachten Anklage knüpft, sind im Vergleich zur Vertheidigung vierfach und fünffach größere; um so unerwarteter ist auch für ihn eine seinen Anträgen entgegenlaufende Entscheidung des Gerichts, um so stärker das Bewußtsein der Autoritätsstellung, die sich nur schwer damit vereinbart, daß der Richter in öffentlicher Sitzung eine abfällige Entscheidung publicirt. Wir wissen, daß die Zahl der Freisprechungen in der Schwurgerichtspflege etwa 25% beträgt, bei den gelehrten Gerichtscollegien aber noch viel geringer ist; wir wissen, daß es Gerichtscollegien giebt, bei denen die Vertheidigung in Preßprozessen als ein nahezu hoffnungsloses Unternehmen betrachtet werden darf, weil die Anklagen auf das sorgfältigste — vorbereitet worden sind. In allen diesen Verhältnissen dringt also der Staatsanwalt mit seine Anliegen mindestens dreimal durch, ehe den Vertheidiger die Rolle trifft, das Ziel seiner Thätigkeit zu erreichen. Wer sich zum Defensor bestellen läßt, weiß im Voraus, daß seine Geltung eine statistisch unwahrscheinliche genannt werden kann; er darf sich dann und wann mit einer Urkundsperson vergleichen, die den ordnungsmäßigen Hergang einer Hinrichtung constatirt. Daher die viel größere Herabstimmung seiner Hoffnungen, das Zurücktreten seiner Persönlichkeit hinter diejenige der Staatsanwaltschaft, seine bescheidenere Rolle, seine geringere Enttäuschung, wenn seinen Anträgen entgegen beschlossen wird, daher meine Behauptung, daß das subjektive (Amts-) Interesse bei der Staatsanwaltschaft an der Entscheidung des einzelnen Falles durchschnittlich stärker hervortrete, als beim Vertheidiger. Ich gebe gern zu, daß Beobachtungen auf dem Gebiete moralischer Erscheinungen sehr trügerisch sind, aber ich glaube persönlich wahrgenommen zu haben, daß in solchen Fällen, wo die Staatsanwaltschaft größere Anstrengungen zur Ueberführung des Beschuldigten gemacht hatte, eine wider Wunsch und Erwartung eintretende Freisprechung keineswegs mit demjenigen Stoicismus hingenommen wurden, den der Generalstaatsanwalt Schwarze als die durch juristische Gewöhnung anerzogene Charactereigenschaft der sächsischen Anklagebehörden rühmt. Ich kenne Fälle, in denen der Ausdruck einer persönlichen Empfindlichkeit in den Vertretern der Staatsanwaltschaft auch für andere, außer mir selbst hervortrat. In dem Plaidoyer, welcher dem Waldeck'schen Prozeß voranging, sprach sich die Staatsanwaltschaft darüber aus, in welcher Weise sie die Entscheidung des Gerichtshofes aufnehmen würde.

Ist die Staatsanwaltschaft ausdrücklich als Prozeßpartei neben der Vertheidigung anerkannt, so ist damit ihre rechtliche Unterordnung unter die höhere Entscheidung des Gerichtshofes ausgesprochen. Sie mag appelliren, Beschwerden erheben, Rechtsmittel einlegen, je nach dem Ermessen einer Partei. Mit der Behörde, welcher das Gesetzeswächteramt über Schuldig und Unschuldig übertragen wird, wie in Frankreich und Preußen, mit dem ministère public, das dafür sorgen soll, daß kein Unschuldiger verfolgt werde, scheint es mir dagegen wenig zu harmoniren, daß gegen die gerichtliche Freisprechung ohne Beibringen wesentlich neuer Beweismittel Berufung eingelegt wird, zu dem Zwecke in höherer Instanz eine Verurtheilung zu erwirken. Auch Schwarze scheint dies Gefühl zu haben; denn er hat einen Antrag an den Juristentag gelangen lassen, wonach der Staatsanwaltschaft die Berufung gegen freisprechende Erkenntnisse entzogen werden soll. Indem die Anklagebehörde ihre Strafverfolgungs-Interessen über die gerichtliche Instanz hinaus treibt, um ihrer eigenen Rechtsauffassung zum Siege zu verhelfen, obwohl sie nicht verkennen kann, daß widersprechende Urtheile in Criminalsachen ein großes Uebel sind, und namentlich bei Verurtheilungen nach einmal erfolgter Freisprechung ein Conflikt mit den sittlichen Tendenzen der Rechtspflege besorgt werden darf — manifestirt sich wiederum jene subjektive Natur der Anklage, die von den Voraussetzungen der Schuld sehr schwer abläßt. Leider vermissen wir in Preußen, wie bereits bemerkt wurde, eine eingehende Prozeßstatistik. Um aber auf diesem Gebiete zu festen Grundlagen zu gelangen, möchten wir die Leser dieser Abhandlung, soweit sie mit der Criminalrechtspflege zu thun haben, zur Anlegung einer Statistik anregen und um deren Mittheilung an uns bitten. Man beobachte in einem Gerichtsbezirke je zwölf politische oder Preßprozesse in Beziehung:

1) Auf die Anzahl staatsanwaltschaftlicher Appellationen gegen freisprechende Erkenntnisse. Soweit meine eigenen in Zahlen allerdings nicht ausdrucksfähigen Beobachtungen reichen, ist diese Zahl eine ganz ungewöhnlich große. Sie ließe uns erkennen, daß es nicht allein das Interesse an der Wahrheitserforschung durch Beweisaufnahme, sondern auch an der eigenen Rechtsauffassung zum Zwecke einer Verurtheilung ist, durch welches die prozessualische Thätigkeit der Staatsanwaltschaft bestimmt wird.

2) Hinsichtlich der Anzahl von Fällen, in denen gegen den Antrag der Staatsanwaltschaft das Vorhandensein mildernder Umstände durch den Gerichtshof angenommen wurde, und

3) In Beziehung auf die Anzahl von Fällen, in denen das vom Gericht angenommene Strafmaß hinter dem Antrage der Staatsanwaltschaft zurückblieb. Ich glaube es als meine persönliche Erfahrung, ohne

Widerspruch zu besorgen, hinstellen zu dürfen, daß selbst bei verurtheilenden Erkenntnissen ein den staatsanwaltschaftlichen Anträgen entsprechendes Strafmaß geradezu als seltene Ausnahme bezeichnet werden kann. Ich habe, wie ich wiederhole, nur die politischen und Preßprozesse im Auge; aber auch bei gemeinen Verbrechen greifen die Strafanträge der Staatsanwaltschaft häufig über das nachher richterlich erkannte Strafmaß hinaus. Was aus diesen Erscheinungen folgt, das ist: die specifische, der Anklage eigenthümliche Auffassung der Rechts- und Lebensverhältnisse in ihrer Beziehung zum Strafgesetz, die Besonderheit des staatsanwaltschaftlichen Berufs im Vergleich zu der objektiven und sachlichen Erwägung des Richteramtes, die eigenthümliche, durch Gewöhnung, administrative Abhängigkeit, criminalistische Amtsspecialisirung, durch Betrachtung der öffentlichen Interessenfrage und Opportunität vermittelte Einseitigkeit, welche uns als natürliche Anlage zur Parteistellung im Prozesse erscheinen.

Welche weite Kluft trennte die Strafanträge der Staatsanwaltschaft von der Urtheilsfällung im Polenprozesse! Statt der verlangten Todes- und Zuchthausstrafe kurzzeitige Einschließung, statt der beantragten Entziehung der Ehrenrechte für Lebenszeit die Auswahl einer Strafart, deren gesetzgeberische Besonderheit in dem Anerkenntniß der Ehrenhaftigkeit besteht: Todesstrafe und Zuchthaus in einem Falle, wo viele mir persönlich bekannte Rechtsgelehrte, die den Verhandlungen mit Aufmerksamkeit gefolgt waren, auf Freisprechung der Angeklagten gerechnet hatten, wo man, ohne der Achtung vor dem Staatsgerichtshof zu ermangeln, wohl sagen darf, daß vor der Verkündung des Urtheils die erheblichsten Zweifel an der Schuld der Angeklagten bestanden! Sind wir darum berechtigt, dem Personal der Staatsanwaltschaft irgend einen Vorwurf zu machen? Sicherlich nicht. Aber man erlaube uns auch die Ueberzeugung, daß die Bestrebungen der Staatsanwaltschaft ihrer ganzen Natur nach qualitativ verschieden sind von denjenigen Prozeßorganen, welche ihren besonderen Beruf darin finden, auf den Schutz der Angeklagten gegen den vorwiegenden Einfluß der Strafverfolgungs-Interessen hinzuwirken.

Jene Differenzen zwischen den Anträgen der Staatsanwaltschaft und den Strafurtheilen der Gerichtshöfe wiederholen sich zu häufig, als daß es ernsterem Nachdenken erlaubt wäre, darin eine Zufälligkeit zu erblicken. Sie sind eine Erscheinung, die constant wirkenden Gesetzen des staatlichen Lebens entspringen. In einem kürzlich (18. März 1865) gegen die Preußisch-Litthauische Zeitung verhandelten Preßprozeß beantragte die Staatsanwaltschaft vierzehn Tage Gefängniß, während der Gerichtshof auf eine Geldbuße von 10 Thlrn. erkannte; in einem zweiten gleichzeitig gegen denselben Angeklagten verhandelten Falle erhielt die Anklage auf einen Antrag von vierzehn Tagen Gefängniß eine Bewilligung von 15 Thlrn.; in einem dritten und vierten wiederum dieselbe Zeitung angehenden, gleichzeitig verhandelten Prozesse wurde auf Nichtschuldig erkannt. Niemand glaubt, daß die Staatsanwaltschaft in solchen Fällen viel fordert, weil sie weiß, daß sie nur wenig erhalten wird. Es spricht im Gegentheil zu Gunsten der Entschiedenheit einer Anklagebehörde, wenn sie sich wiederholten Erfahrungen gegenüber nicht accommodirt, sondern im festen Vertrauen auf die Richtigkeit und Angemessenheit der eigenen Ueberzeugung bei dem für Recht gehaltenen stehen bleibt. Aber die Staatsanwaltschaft ist nicht um ihrer selbst willen da; sie ist in Zusammenhang zu bringen mit den höchsten Interessen des Staates, mit dem gesellschaftlichen Gesammtbewußtsein. Lassen wir ihr Freiheit der Bewegung, soweit als dies irgend geschehen kann; sorgen wir indessen dafür, daß die Gegenüberstellung der Staatsanwaltschaft und der Gerichtshöfe ihren Ausdruck finde in der scharfen und klaren Herstellung des Parteibegriffes für den Strafprozeß.

Man kann nicht einwenden, daß die preußische Staatsanwaltschaft verschieden sei von den Anklagebehörden, die nach französischem Vorbilde anderwärts eingerichtet worden sind. Von mangelndem regierungsgemäßen Pflichtgefühl und mangelnder disciplinarer Intelligenz in der preußischen Staatsanwaltschaft kann gleichfalls nicht die Rede sein. Im Gegentheil sehen wir, daß zu einer schwierigen Epoche, wo Disciplinaruntersuchungen wegen unfügsamen politischen Verhaltens gegen richterliche Beamte und gegen Rechtsanwalte häufiger waren, als je zuvor, aus den Reihen des staatsanwaltschaftlichen Personals, abgesehen von einigen wenigen Dispositionsstellungen, eigentliche Disciplinarbestrafungen nicht bekannt geworden sind. Was wir sagen, richtet sich nicht gegen Verhältnisse, die der ständigen Anklagebehörde als solcher zur Last fallen, sondern gegen die Fehler, welche die Gesetzgebung von 1849 machte, und die damals nicht vorausgesehen wurden, jetzt hingegen, wo ein neuer Entwurf vorgelegt worden ist, nicht mit Stillschweigen übergangen werden können. Der schlechteste Dienst, welcher der Staatsanwaltschaft geleistet werden kann, ist derjenige, sie zu überschätzen und zu idealisiren. Man stelle ihr nicht eine Aufgabe, die sie noch viel weniger erfüllen kann, als der alte Untersuchungsrichter von ehemals; man übertrage das Gesetz der

Arbeitstheilung für die Zwecke der Gerechtigkeit und Wahrheit auch auf den Strafprozeß; man vermische nicht den Beruf des Richters mit demjenigen der Anklage; man schneide der Staatsanwaltschaft die irre leitende Berufung ab, daß ihre Verfolgungsakte auf die Ermittelung der Unschuld in eben demselben Maße, in eben demselben Grade abzielen könnten, wie auf die Bestrafung des für schuldig Gehaltenen; man sehe es nicht als eine Beleidigung an, wenn der Anwalt der Angeklagten in der einzelnen Prozeßsache die Mißgriffe und Uebereilungen nachweist, von denen keine menschliche Thätigkeit frei bleiben kann; man erhöhe die stille Majestät des Richteramtes, indem man die Anklagebehörden aus der Stellung eines nicht collegialischen, gleichsam zuerst votirenden Rathgebers und Sachverständigen der Gerichtshöfe in diejenige einer politisch unabhängigen, aber dem Gerichte untergeordneten Anklagepartei versetzt; man erkenne an, daß der Vertheidiger einen ebenso hohen und wichtigen Staatsberuf zu üben hat, wie der öffentliche Ankläger und vergesse nicht, daß es besser ist, die noch ungewisse Schuld eines Verdächtigen durch alle denkbaren Anstrengungen in die Gewißheit der Freisprechung umzuwandeln, als eine Verurtheilung herbeizuführen, an deren Gerechtigkeit zwar nicht die Gerichtshöfe, wohl aber die durch eine öffentliche Rechtspflege überall angeregten Stimmen der prüfenden Kritik Zweifel hegen könnten.

Druckfehler:

S. 32 Zeile 15 von oben statt „um" lies „nur".

Verlag von J. Guttentag in Berlin,
Guttentag & Vahlen.

Wilhelm Gronau's Buchdruckerei in Berlin.

Neuere juristische Werke

aus dem Verlage von

J. Guttentag in Berlin.

Anwalts-Zeitung. Preußische Wochenschrift für Rechtspflege und für die Interessen des Anwaltsstandes. Herausg.: Dr. Franz Hinschius und Dr. Paul Hinschius. 1862—64. I.—III. Jahrg. 52 Nummern. Preis pro Jahrg. 4 Thlr.

Archiv für rechtswissenschaftliche Abhandlungen, herausgeg. von Schering, Geh. Ober-Justizrath. 2 Bände à 3 Hefte. gr. 8. geh. 1864. 1862. Jeder Band 2 Thlr. Einzelne Hefte 25 Sgr.

Archiv für Rechtsfälle, die zur Entscheidung des Königl. Ober-Tribunals gelangt sind. Herausgeg. und redigirt von Theodor Striethorst, Kammergerichts-Rath. Zweite Folge. I. II. Jahrgang à 4 Bände oder der ganzen Reihe: Band 49—56. 1863—65. Jeder Jahrgang 4 Thlr. 20 Sgr.

Die früheren Bände des „Striethorst'schen Archivs", Band 1—48 sind in demselben Verlage erschienen, einzelne davon aber vergriffen.

Arndts und **Leonhard, Das Preußische Vormundschaftsrecht mit Einschluß der** bezügl. Vorschriften a. d. Familienrecht dargest. und erläutert. 1862. 25 Sgr.

Boas, Felix (Kreisrichter). **Zur Lehre vom Miteigenthum.** 1864. 18 Sgr.

Buddee, K. (Geh. Justiz- u. Kammergerichts-Rath), **Grundsätze des heutigen Preuß.** Civilprozesses und ihre Anwendung beleuchtet. 1862. 15 Sgr.

Dambach, Dr. Otto (Gerichts-Assessor), **Beiträge zu der Lehre von der Criminal-**Verjährung. 22½ Sgr.

Dambach, Dr. Otto (Ober-Post-Rath und Staatsanwalt), **Die Strafbarkeit des** Vorsatzes und der Fahrlässigkeit beim Vergehen des Nachdrucks nach Preußischem Rechte. 8. 1864. 5 Sgr.

Döhl, C., **Das Transportwesen des Preußischen Staates, oder die General-Trans-**port-Instruktion vom 16. Sept. 1816, nebst ihren Ergänzungen u. Erläuterungen sowie in ihren Beziehungen zum Auslande nach amtlichen Quellen mit Kommentar. 1864. 1½ Thlr.

Hahn, C. (Staatsanwalt), **Die Preußische Gesetzgebung über das mündliche und** öffentliche Verfahren in Untersuchungssachen und über die Geschworenen-Gerichte. Ergänzt und erläutert durch Ministerial-Verfügungen und Entscheidungen des Königl. Ober-Tribunals. gr. 8. geh. 1857. 1¼ Thlr.

Huschke, Ph. E., **Ueber den Census und die Steuerverfassung der früheren Römi-**schen Kaiserzeit. Ein Beitrag zur Römischen Staatswissenschaft. gr. 8. geh. 1847. 1 Thlr. 10 Sgr.

— — **Ueber das Recht des nexum und das alte Römische Schuldrecht. Eine** rechtshistorische Untersuchung. gr. 8. geh. 1846. 1 Thlr. 10 Sgr.

Koch, Dr. C. F., **Das Preußische Civil-Prozeß-Recht,** in zwei Bänden. gr. 8. 1854. 1865. 10 Thlr.

I. Band. Der Preußische Civil-Prozeß. Zweite vermehrte und verbesserte Ausgabe. 1854. 4 Thlr.

II. Band. Prozeß-Ordnung nach ihrer heutigen Geltung. Fünfte vermehrte und verbesserte Auflage. 1865. 6 Thlr.

— — **Formularbuch und Kommentar zum Notariatsgesetz für instrumentirende** Gerichts-Personen und Notarien, mit kurzen Angaben über die Erfordernisse der einzelnen Urkunden und mehreren als Anhang beigefügten Tax-Instrumenten. Sechste neu überarbeitete u. vermehrte Ausg. gr. 8. geh. 1862. 2 Thlr. 5 Sgr.

— — **Allgemeines Deutsches Handelsgesetzbuch,** herausgegeben mit Kommentar in Anmerkungen. gr. 8. geh. 1863. 3 Thlr.

Koch, Dr. C. F., **Allgemeine Hypotheken-Ordnung für die gesammten Königlichen** Staaten, sammt den dieselbe ergänzenden und abändernden Gesetzen, Verordnungen und Verfügungen, herausgeg. mit Glossen. gr. 8. geh. 1856. 2 Thlr.

— — **Die Preußische Konkurs-Ordnung,** herausgegeben mit Kommentar, unter Benutzung der Materialien und Einschaltung der Ministerial-Instruktion an den betreffenden Stellen. gr. 8. geh. 1855. 1 Thlr. 10 Sgr.

— — **Allgemeines Landrecht für die Preußischen Staaten. Unter Andeutung der** obsoleten oder aufgehobenen Vorschriften und Einschaltung der jüngeren noch geltenden Bestimmungen, herausgeg. mit Kommentar in Anmerkungen. 4 Bde. mit Nachträgen und Register. 1862—64. 27 Thlr.

(I. in 4. Aufl., II.—IV. in 3. Aufl.)

(Einzelne Bände können nicht abgegeben werden.)

— — **Lehrbuch des Preußischen gemeinen Privatrechts.** Dritte vermehrte und verbesserte Auflage. 2 Bde. gr. 8. 1857. 1858. 7 Thlr. 18 Sgr.

(Die Bände werden nicht getrennt)

— — **Anleitung zur Preußischen Prozeß-Praxis mit Beispielen. Ein Handbuch** für angehende Praktiker, Gerichtspersonen und Rechtsanwälte. 2 Bde. gr. 8. 1860. 1861. 8 Thlr. 10 Sgr.

— — **Recht der Forderungen nach gemeinem und Preußischem Rechte, mit Rücksicht** auf neuere Gesetzgebungen, historisch und dogmatisch dargestellt. Zweite neu bearbeitete Ausgabe. 3 Bde. 8. geh. 1859. 11 Thlr. 25 Sgr.

(Die Bände werden nicht getrennt.)

Kühns, Dr. Fr. J. (Doc. d. R.), **Der Rechtsschutz an Werken der bildenden Künste.** 8. geh. 1861. 10 Sgr.

Makower, H., Studien zur Konkurs-Ordnung v. 8. Mai 1855. 1861. 16 Sgr.

Meischeider, E. (Kreisrichter), **Die Preußische Gesetzgebung über das Anfechtungsrecht** der Gläubiger, nach den Gesichtspunkten des Röm. Rechts. 1864. 20 Sgr.

Reusch, Dr. (Trib.-Rath), **Musterakten in Todeserklärungs- und Aufgebotssachen** nach Preuß. Gesetz zur Einführung angehender Juristen in die Praxis, sowie zum Gebrauche für Richter u. Rechtsanwälte. gr. 8. geh. 1859. 1 Thlr. 5 Sgr.

Schering, (Geh. Ober-Justizrath), **Anleitung zur Anfertigung von Referaten,** wissenschaftl. Arbeiten, Anklageschriften und Aktenauszügen in Begnadigungssachen, m. e. Sammlung von Beispielen. 1860. 1 Thlr. 15 Sgr.

Stoepel, Paul (Staatsanwalt), **Die besonderen Preußischen Strafgesetze, kommentirt** durch Entscheidungen des Königl. Ober-Tribunals und Ministerial-Rescripte. Eine Sammlung zum Handgebrauch. gr. 8. geh. 1861. 1 Thlr.

Striethorst, Th. (Kammergerichts-Rath), **Rechtsgrundsätze der neuesten Entscheidungen** des Königl. Ober-Tribunals. Geordnet nach dem System der Gesetzbücher. IV. 1865. 8. geh. 2⅔ Thlr.

(I. 2. Ausg. 1855. 2 Thlr. 10 Sgr. II. 1858. 2 Thlr. 20 Sgr. III. 1862. 3 Thlr. 6 Sgr.)

Temme, J. D. H., **Lehrbuch des Preußischen Strafrechts.** 1853. 4 Thlr. 20 Sgr.

Thilo, G. (Staatsanwalt), **Die Preußische Disciplinar-Gesetzgebung für die unmittelbaren** und mittelbaren Staatsbeamten, erläutert aus den Materialien der Rechtslehre, den Entscheidungen des Kgl. Ober-Tribunals und den Ministerial-Rescripten. gr. 8. geh. 1864. 1 Thlr.

Veith, H. (Gerichts-Assessor), **Die Entschädigungs-Verbindlichkeit der Eisenbahn-**Gesellschaften dem Bergwerks-Eigenthümer gegenüber nach Preußischem Rechte, unter Berücksichtigung des vorläufigen Entwurfes eines allgemeinen Berggesetzes für die Preußischen Staaten. 8. geh. 1864. 15 Sgr.

Volkmar, L., und S. **Loewy, Die Deutsche Wechsel-Ordnung,** erläutert. gr. 8. geh. 1862. 1 Thlr. 24 Sgr.

Waldeck, Dr. (Ober-Tribunals-Rath), **Die Nichtigkeitsbeschwerde als das alleinige** Rechtsmittel höchster Instanz, mit besonderer Beziehung auf die Preuß. Prozeß-Gesetzgebung. gr. 8. geh. 1861. 1 Thlr.

FSC
www.fsc.org
MIX
Papier | Fördert
gute Waldnutzung
FSC® C083411

Kolibri 360 GmbH
Ferdinand-Jühlke-Straße 7
99095 Erfurt, Deutschland
produktsicherheit@kolibri360.de